【中国人格读库】

国家新闻出版广电总局
培育和践行社会主义核心价值观主题出版重点出版物

丘逢甲传

高占祥 主编

舒刚庆 著

北京时代华文书局

图书在版编目（CIP）数据

丘逢甲传 / 舒刚庆著 . -- 北京：北京时代华文书局 , 2015.8（2022.3 重印）
（中国人格读库 / 高占祥主编）
ISBN 978-7-5699-0528-1

Ⅰ．①丘… Ⅱ．①舒… Ⅲ．①丘逢甲（1864～1912）一传记 Ⅳ．① K825.6

中国版本图书馆 CIP 数据核字（2015）第 214499 号

丘 逢 甲 传
Qiu Fengjia Zhuan

主　　编 | 高占祥
著　　者 | 舒刚庆

出 版 人 | 陈　涛
责任编辑 | 邢　楠
装帧设计 | 程　慧　段文辉
责任印制 | 訾　敬

出版发行 | 北京时代华文书局 http://www.bjsdsj.com.cn
　　　　　北京市东城区安定门外大街 138 号皇城国际大厦 A 座 8 楼
　　　　　邮编：100011　电话：010 - 64267955　64267677

印　　刷 | 三河市嵩川印刷有限公司　0316 - 3650395
　　　　　（如发现印装质量问题，请与印刷厂联系调换）

开　　本 | 787mm×1092mm　1/16　印　　张 | 13　字　　数 | 124 千字
版　　次 | 2016 年 1 月第 1 版　　印　　次 | 2022 年 3 月第 3 次印刷
书　　号 | ISBN 978-7-5699-0528-1
定　　价 | 39.80 元

社会主义核心价值观与中国人格

周殿富

社会主义制度在中国已经建立了六十余年，而我们党则在本世纪初叶提出了培育弘扬社会主义核心价值观的重大课题，显然是其来有自。

社会主义的道德风尚在新中国蔚然兴起，曾经那样地风靡于二十世纪中叶。邓小平同志曾经在改革开放中讲过，当年"这种风气不仅是中国历史上从来没有过的，而且受到了世界人民的赞誉"。然而可惜的是，这个在社会主义制度建立与实践中，同步兴起的社会主义道德风尚的成长道路，却是一波四折。半个多世纪以来，它先是与共和国一道遭受了十年"文革"的浩劫；接着便是全党工作重心转移到改革开放进程中，欧风美雨"里出外进"的浸洗濡染；再接着是西方"和平演变"在东欧得手的强烈震荡与冲击；最后又是市场经济中那两只"看不见的手"在搅动着、嬗变着人们的价值取向。至少在国民中出现了价值观上的多层次化，传统美德的弱化，社会道德文明水准的退化，光荣革命传统的淡化，这也许正是中央在本世纪初提出社会主义核心价值观的原因吧。

不管怎么"变"，怎么"化"，当我们回首来时路，却不能不说，中华民族真的很强大，很值得骄傲。人类经历了几千年的文明进程，堪称世界文化之源的"五大文明古国"，其他四大古国文明都已被历史淘汰灭亡，只有中国成了唯一的延续存在。近现代即使那般的积贫积弱，被西方列强豆剖瓜分、弱肉强食，想亡我中华都不可能，就连最强大的美帝国主义，最凶残的日本军国主义都成为我们的手下败将，而且打出了一个新中国，且跨过整整一个历史阶段，直接进入了社会主义。西方敌对势力几十年不遗余力地对新中国百般围剿，"冷战""热战""和平演变"手段用尽，连如此强大的前苏联乃至整个苏东阵营都被瓦解了，而社会主义的旗帜仍旧在960万平方公里的土地上高高飘扬，而且昂首挺胸地屹立在世界的东方，中国真的是太强大了。几十年来的瞩目成就，竟然令西方发出了"中国威胁论"。你管他别有用心也好，言过其实也好，总比让别人说我们是"瓷器"，是"东亚病夫"好吧？1840~1949年的一百零九年间，中国尽受别人的欺负、"威胁"了，我们也能让那些昔日列强有点"威胁感"，又有什么不好？更何况这是他们自己说的啊！我们并没吹嘘，也没有去做。几千年来我们侵略过谁呢？"反战""非攻""兼相爱，交相利"，中国古有墨子，近有周恩来、邓小平同志。这也是中华民族固有传统美德的延续吧！

生于忧患，死于安乐，这也当是中华民族的一个传统美德吧？几十年来尽管中国如此繁荣兴旺，但从邓小平生前一直到党的"十八大"以来，无论哪一届中央领导集体，从来都没有忘记过国之忧患。忧在何处，患在何处呢？

二十世纪八十年代末，邓小平同志曾经在半年的时间内四次提到：中国改革开放十年最大的失误在教育，在"对青年的政治思想教育抓得不够""对人民的教育不够"，足见他的痛心疾首。他晚年时又提到了"国格"与"人格"的问题，讲道："谈到人格，但不要忘记还有一个国格。特别是像我们这样第三世界的发展中国家，没有民族自尊心，不珍惜自己民族的独立，国家是立不起来的。"

（精装版《邓小平文选》第3卷331页。）

人们很少注意到邓小平的这一段话，但邓小平恰恰是在这里把"国格""人格"提升到了事关"立国"的高度。

那么，什么是我们社会主义的"国格"呢？邓小平讲得很明白："民族自尊心""民族的独立"。

新中国一路走来，我们最大的尊严便是完全靠"自力"，靠"艰苦奋斗"，而达"更生"之境。对西方敌对势力的"冷战""热战""和平演变"，我们何曾有过屈服？也正是在这一前提下，我们才有真正的"民族独立"。这就是我们的国格。那么什么是我们中国人的人格呢？邓小平同志在这里没有讲，但他在1978年4月22日召开的全国教育工作会议上的讲话中，在讲到我们的教育培养目标时，至少提到与社会主义人格相关的各个方面：革命的理想，共产主义的品德，勤奋学习，严守纪律，艰苦奋斗，努力上进，爱祖国，爱人民，爱劳动，爱科学，爱护公共财产，助人为乐，英勇对敌，集体主义精神，专心致志地为人民工作，等等。这里的哪一条不属于社会主义人格的范畴呢？

2006年党的十六届三中全会，第一次提出了"建设社会主义核心价值体系"的历史性命题和战略任务。2007

年，胡锦涛同志在"6·25"讲话中又具体提出这个"体系"包括四个方面的内容：①马克思主义的指导思想；②中国特色社会主义共同理想；③以爱国主义为核心的民族精神和以改革创新为核心的时代精神；④社会主义荣辱观。这四个方面，一是信仰，二是理想，三是精神，四是道德文明，哪一个不在社会主义人格的范畴之内呢？党的十七届六中全会又提到了社会主义核心价值体系是"兴国之魂"。

2012年11月，在党的"十八大"上又用"三个倡导"把社会主义核心价值观概括为十二项：①倡导富强、民主、文明、和谐；②倡导自由、平等、公正、法制；③倡导爱国、敬业、诚信、友善。而且中办文件又把这"三个倡导"分为三个层面：第一个"倡导"的四项，是国家层面的价值目标；第二个"倡导"的四项，是社会层面的价值取向；第三个"倡导"的四项，是公民个人层面的价值准则。实际上前两个"倡导"的八项都是属于"国格"范畴，而第三个"倡导"是属于"人格"范畴。

那么，我们怎样才能在前面讲到的那些历史嬗变中培育建构起这个"核心价值观"呢？中共中央政治局的第十三次集体学习，似乎很明确地回答了这个问题。

新华社北京2014年2月25日电讯称：中央政治局在2月24日，以弘扬社会主义核心价值观，弘扬中华传统美德为内容，进行了集体学习，习近平总书记在主持学习时强调：

培育和弘扬社会主义核心价值观必须立足中华优秀传统文化。牢固的核心价值观，都有其固有的根本。抛弃传统、丢掉根本，就等于割断了自己的精神命脉。博大精深的中国优秀传统文化是我们在世界文化激荡中落稳脚跟的根基。中华文化源远流长，积淀着中华民族最深层的精神追求，代表着中华民族独特的精神标识，为中华民族生生不息、发展壮大提供了丰厚滋养。中华传统美德是中华文化精髓，蕴含着丰富的思想道德资源。不忘本来才能开辟未来，善于继承才能更好创新。对历史文化特别是先人传承下来的价值理念和道德规范，要坚持古为今用、推陈出新，有鉴别地加以对待，有扬弃地予以继承，努力用中华民族创造的一切精神财富来以文化人，以文育人。

习近平总书记的这段论述相当精辟，对于如何培育建构社会主义核心价值观问题从四个方面剀切明白。

第一，他明确指出要在中华优秀传统文化的基础上，来构造我们的社会主义核心价值观，而不能割断历史。这一条十分重要，否则我们便会失去我们的本来面目，便会成为无源之水，也就无法走向未来。

第二，指出了中华传统美德是中华文化精髓，蕴含着丰富的思想道德资源。这就为我们揭示了社会主义核心价值观，要以弘扬优秀的中华传统美德为基础。

第三，他指出，对传统文化在扬弃中继承，在继承中创新。这就是说，社会主义核心价值观的内涵，既要有优良传统的文化精神，也要有时代精神，是二者的有机结合。

第四，他指出要用中华民族创造的一切精神财富，来化人育人。这就是说，弘扬中华民族文化，并不只是传承儒学那些道统，而是要弘扬全民族共创的优秀传统文化。同时也就是说，培育、弘扬社会主义核心价值观的根本目的是化民、育人。

尤其值得瞩目的是，习近平总书记在这次讲话中提到了一个"中华民族独特的精神标识"问题，而在同年的全国组织部长会议上又提出我们再也不能以GDP论英雄的思想。让人欣慰的是，思想道德文化建设终于被提升到一个民族的标识地位，这至少表明中国人的思想观念，并不落伍于世界潮流。

并不受人欢迎的亨廷顿生前给他的祖国提出的警示忠告，竟是如何弘扬他们没有多少历史和文化的"传统文化"："盎格鲁新教精神——美国梦"，以此为国家的"文化核心"问题。他讲道："在一个世界各国人民都以文化来界定自己的时代，一个没有文化核心而仅仅以政治信条来界定自己的社会，哪有立足之地？"所以，他提醒他无限忠于的祖国，一定要巩固发扬他们自入居北美以来，在新教精神基础上形成的"美国梦"理念的"文化核心"地位，这样才能消解这个国家的民族与文化双重多元化的危机。为此，他甚至预言美国弄不好会在本世纪中叶发生分裂。而且他公开预言不列颠大英帝国也会因民族与文化多元化的问题，导致在本世纪上半期发生分裂。

西方的一些专家学者们也十分强调国家民族文化的地位问题，柏克说："全世界的人根据文化上的界限来区分自己。"丹尼尔同样说："保守地说，真理的中心在于，对一个社会的成功起决定作用的是文化，而不是政治。开明地说，真理的中心在于，政治可以改变文化，使文化免于沉沦。"这些语言也可能有它们的局限性与某种非唯物性，但至少可以让我们看到那些发达的资本主义国家在想什么，至少与马克思主义经典作家们，关于意识形态并不总是消极被动地接受它的经济基础的论断并不相悖。

中国显然具有世界上最悠久的民族文化，同时显然也拥有世界上最强大的政治优势。新中国包括它直接进入社会主义的经济形态，以及其后的一次次经济变革，哪一次不是靠政治力量在强力推动呢？它当然同样拥有让我们几千年的民族文化"免于沉沦"的能力。有学人认为我们的民族文化早就被以往一次次的历史性灾难割裂了，这个看法显然都是毫无道理的。但我们当下却确实面临着"两个传统"失传失统的危险。中国的传统文化与优秀的民族美德，在当代国民中还有多少传承？老一代中国共产党人用生命与鲜血铸就的光荣革命传统，在党内还有多少"光大"？我们现在全民族的"核心文化"到底在何处？"社会主义核心价值观"的提出不仅符合世界潮流，也是使我们优秀的民族文化得以传承而不发生历史断裂的根本保证。富和强永远都不是一个民族的标志，哪个国家不可以富，不可以强？但能代表中国"这一个"本来面目，具有自己民族特色的，唯有中华民族的文化，能代表中国人形象的只有中国独具的道德人格。什么是人格？人格就是原始戏剧中不同角色的本来面目。

综上所述，我们是不是可以这样认为，社会主义核心价值观应内含如下的成分：中华民族传统文化中的优秀传统美德；中国人民近现代反帝反侵略反封建的爱国主义、斗争精神与中国共产党领导下形成的几十年光荣革命传统；中国化了的马克思主义有中国特色社会主义的共同理想；与"中国梦"远大目标相适应的时代精神。由这些内涵构成的社会主义核心价值观，用它来干什么呢？用习近平总书记的话来说就是"化人""育人"，把它再具体化一下，无非是打造能体现中华民族特色，代表中国形象的国格、人格。在思想道德层面上，一个国家的民族精神也只有在人的身上才能体现，所以我们依据社会主义核心价值观的基本要求，针对当代青少年的实际情况，策划了《中国人格读库》这样一套大型系列选题。

本套书承蒙全国少工委、中华文化促进会、团中央中国青年网三家共同主办推广，并积极提供书稿。难得高占祥老前辈热情出任该套书的编委主任，且高占祥同志不辞屈就加盟主创作者队伍。一些大学、中学教师与青年作者也积极加盟此套书的编写。该选题被国家新闻广电出版总局列为2014年全国社会主义核心价值观重点选题，在此一并鸣谢。

希望本套书的出版能为社会主义核心价值观的培育与弘扬，为促进青少年的道德人格养成起到积极的作用。欢迎广大读者与作家对不足之处批评教正，多提宝贵建议与指导意见。

谨以此代出版前言并序。

二〇一四年十月
于北京时代华文书局

引言

春愁难遣强看山，

往事惊心泪欲潸。

四百万人同一哭，

去年今日割台湾。

——《春愁》

    2004年3月14日，时任国务院总理温家宝，在答中外记者问的时候，高度评价了一位台湾爱国诗人抗日保台的伟大壮举，并深情吟诵了他在1896年4月17日写的一首诗——《春愁》。

    人间四月天，本是一年中最美好的季节，但是诗人却满腔愁绪难以排遣，因为去年今天，美丽家乡台湾被迫割让给了日本。短短二十八个字，抒发出诗人强烈的爱国爱乡情感，表达出对割让台湾的巨大痛苦和愤怒，对祖国积贫积弱、任人宰割的深深悲痛，对台湾是祖国不可分割一部分的强烈认同。

丘逢甲

这位诗人，就是丘逢甲。

丘逢甲（1864—1912），我国近代著名的爱国保台志士、卓越的教育家和杰出诗人。他根在祖国大陆，出生在台湾，生活在清王朝国势日衰，列强入侵愈演愈烈的年代，他一方面接受了传统的儒家教育，另一方面也受到西学的影响。考中进士后，因无意仕途，辞官回乡从事教育，兼取西学，培养人才，谋求强国之道。

甲午战争爆发，丘逢甲弃教从戎，以"抗倭守土"号召全台人民，创建义军，多次刺血上书，反对割让台湾，在无力回天的情况下，他倡议成立抗日救台组织——"台湾民主国"，谋求自救，终因缺乏外援而失败，但表现出强烈的反抗侵略、维护国家领土完整的爱国主义精神。

作为一位教育家，丘逢甲早年在家乡从事桑梓教育，抗日保台失败后，又到广东祖居地继续从事教育活动，锐意传播新学，注重师范教育，努力培养救国、强国人才。他对教育的重视，以及锐意创新的眼界和胆识，在当时是难能可贵的，在今天依然有参考意义。

丘逢甲的诗歌创作，题材广泛、内容丰富，诗风苍凉悲壮又不失雄健，抒发出浓烈的爱国爱乡情怀，反映出清末社会的历史进程和特点，尤其表达了台湾人民反抗侵略、维护祖国领土完整的心声和诉求，在清末沉闷的诗坛中展示出清新的气息，在中国近代诗坛占有重要地位，被梁启超誉为"诗界革命之巨子"。

　　丘逢甲是海峡两岸中华儿女共同推崇和敬仰的先贤，他留下的宝贵精神财富，尤其是维护祖国统一和期盼国家富强的爱国爱乡精神，非常值得海峡两岸中华儿女传承和弘扬。习近平总书记曾说："实现中华民族伟大复兴，就是中华民族近代以来最伟大的梦想。"这个梦想，也是丘逢甲毕生追求的梦想。唐代诗人王湾曾写道："潮平两岸阔，风正一帆悬。"当前，海峡两岸尽管尚未统一，但是两岸的交流交往日趋密切，展示出光明的发展前景。两岸更应该传承和弘扬丘逢甲的爱国爱乡精神，自觉承担起推进两岸和平统一的历史重任，深化交流交往，增强民族认同，扩大两岸共识，最终实现两岸和平统一，实现中华民族的伟大复兴。

　　这也是对丘逢甲等先贤的最大告慰。

目录

第一章　成长成才

源在两岸　时予使命

1864年12月26日凌晨（清同治三年十一月二十八日丑时），福建省台湾府淡水厅铜锣湾双峰山（今台湾省苗栗县铜锣镇），万籁俱寂，忙活了一天的人们早已进入梦乡，只有一户在李氏家塾任教的丘氏家中，还闪亮着昏黄的油灯火，大家在焦急地等待着一个新生命的降生。忽然，一个婴儿清脆的啼哭声划破了深夜的沉静，这声啼哭，似乎也意味着一个勇者在漫长暗夜里向黎明召唤和呐喊。

诞生的是一个男婴，这让所有焦急等待的人喜出望外。男孩五官端正、天庭饱满、耳垂子厚，一副大富大贵的好相貌，一双炯炯有神的眼睛在昏黄的灯光下，扫视着周围全新的一切。这个男婴就是两岸同胞，尤其是台湾同胞熟知的爱国保台志士、卓越的教育家和杰出诗人丘逢甲。

丘逢甲的父亲丘元宝（1833—1911），为人忠厚正直、乐于助人。考中廪生后，在台中一带的家塾以教书为生。首任妻子胡氏生下长子先甲（1857—1917）后不久就去世了。他后来又与台湾府城（今台南市，台湾建省后，台湾府改称台南府）的陈掌妹结婚，陈氏生的第一个孩子就是丘逢甲。

丘逢甲的名字，是由父亲丘元宝按"甲"字辈起的。说起这个名字，也颇有一番来历。那一年刚好逢上甲子年，"甲"是天干之冠，"子"为地支之首，甲、子意味着万事万物的开始，"生逢甲子"被认为是遇上好时运，是大吉大利的好事情。丘元宝深知其意义，而科场失意的他，看到八岁的长子先甲无心读书，颇有些失望，但是看到这个刚刚诞生的儿子，他觉得"喜逢甲子"又喜得贵子是个好兆头，越发觉得这孩子将来能"科甲及第"，建功立业，光宗耀祖，于是就取名叫"逢甲"，乳名唤作秉渊。

丘逢甲祖籍广东梅州镇平（今蕉岭县），属于从中原地区南迁过来的客家人。据传，丘逢甲的远祖是姜太公，助周武王灭纣兴周后，被封在了山东齐国营丘。之后，姜太公将领地给了三儿子穆，并命名为封丘，穆就以丘为氏，名曰丘穆，在封丘一带定居下来。后来，丘穆的一支后裔迁徙到福建上杭一带，其中一个子孙丘梦龙是理学大师朱熹的再传弟子，而丘梦龙之子丘文兴（又名创兆）是岳飞的重孙女婿，在南宋末年追随文天祥抗元。兵败后，丘文兴举家迁往广东梅州石惹都（明代置镇平县）定居。由于人口不断繁衍，耕地有限，丘氏后裔丘仕俊（1758—1828，丘逢甲曾祖父）在清乾隆中期又迁居台湾，丘氏子孙开始在台湾生根繁衍，到丘逢甲已是迁台第四代。由此可见，丘逢甲的血脉源于两岸，而尤以大陆为根本，说明海峡两岸同根同种，是血脉相连、密不可分的一家人。

关于丘氏，这里还有一个小故事，"邱"氏本来就是"丘"氏，汉代以来，统治者为避讳孔子的名号，多次下令"丘"改为"邱"，尤其是清雍正皇帝颁发诏谕，天下所有的"丘"氏族人只得改为"邱"。因此，丘逢甲和他的一些先祖在一段时期内书写名字的时候，都是写为"邱"的。辛亥革命后，丘逢甲登报声明姜太公是西周初年人，孔子是东周春秋时人，没有前人避后人讳的道理。如今又是民主时代，不必避讳，所以改回"丘"。

丘仕俊来台时，正是大陆沿海居民尤其是闽粤居民迁台的又一次高峰期。从1662年（清康熙元年）郑成功收复台湾，到1683年（清康熙廿二年）施琅统一台湾后，闽粤居民大量迁台，使台湾得到大力的开发，两岸在政治、经济、文化等方面联系也日益密切，两岸一家亲、两岸是命运共同体的基础被牢牢加固。丘仕俊的迁台之举，只是其中的一个缩影。由于台湾西部沿海条件较好的地区已经为早先迁台的闽南人所开发居住，因此丘仕俊便到接近台湾原住民居住的半山区彰化县东势（今台中东势镇）一带落脚谋生，通过辛勤垦殖经营，家境逐渐丰

清·康熙《平定台湾凯旋图》

厚。丘仕俊的幼子丘学祥（1800—1872）有三个儿子，其中幼子丘元宝秉性斯文，爱好读书，经过多年寒窗苦读，考取了廪生的功名，但因家境无力再支持学业，他便开始到当地的家塾中教书。1862年（清同治元年），台湾发生戴潮春起义，丘学祥举家避迁到淡水厅铜锣湾，丘元宝在当地教书，陈掌妹跟随到这里生活。两年后，丘逢甲在此出生。

丘逢甲出生的那个年代，正是中国的多事之秋。

以英国为首的西方资本主义国家，通过资产阶级革命以及工业革命，日益强大起来，走在了世界的前列。他们用先进的制度、先进的技术尤其是强大的武力到处开拓市场，进行殖民扩张，他们对中国这个古老的东方帝国垂涎已久。1840年第一次鸦片战争爆发，列强用坚船利炮轰开了中国的大门，割地、赔款、通商……屈辱的历史在中华大地上一幕又一幕上演，中国已经成为列强随意把玩于掌中的懦弱"猎物"。

康乾盛世之后的大清王朝，狂妄自大、闭关锁国、贪污腐败、民不聊生，起义不断，整个国家走向衰败，已经远远落后于世界发展潮流。两次鸦片战争，加上以太平天国为代表的轰轰烈烈的农民起义，清王朝受到沉重打击：香港岛被割占了，九龙又被割占了，东北、西北边境一百四十多万平方公里的国土也被赤裸裸地割占了，沿海乃至内地被迫向列强开放了无数的通商口岸，赔款不计其数，广袤的中国大地成为了资本主义的原料来源和货物倾销市场，中华民族出现了千古未有的大变局和大危机。无数的有识之士在列强入侵、民变风起云涌中警醒过来，开始睁眼看世界，开始"师夷长技以制夷"、洋务运动，向西方学习，力图挽救这个变局和危机。

台湾在1840年以来，也一直处在列强入侵的风口浪尖。第一次鸦片战争期间，英国侵略者把矛头直指台湾，欲侵占台湾作为进攻大陆的跳板，先后挑起五次侵台战事，但是由于台湾兵备道姚莹和总兵达洪阿早有准备，在台湾军民的共同抵抗下，英国的五次侵略都被打败了，成为第一次鸦片战争中中国取得的少有胜利，也成为台湾人民抗击侵略的又一次英勇壮举，但是这并不能改变中国失败的悲惨命运。第二次鸦片战争后，台湾的淡水（今台湾省新北市淡水区）、鸡笼（今台湾省基隆市）、安平（今台湾省台南市安平区）、打狗（今台湾省高雄市）相继被迫开放为通商口岸，开始受到西方殖民势力的冲击，台湾人民反抗外国入侵的爱国爱乡意识，以及实现变革自强的忧患意识逐渐觉醒起来，而且愈发强烈，为丘逢甲以后的成长带来深刻的影响。

丘逢甲出生那年，世界上也发生了很多大事：沙俄乘中国新疆回民反清起义之机，通过《勘分西北界约记》，霸占了中国巴尔喀什湖以东、以南四十四万平方公里的大片领土；太平天国首都天京陷落，持续十四年，转战十七省的农民起义终告失败；日本高杉晋作起兵夺取长州藩的政权，倒幕运动蓬勃发展……而从1864年往前推四年，清政府开始了洋务运动；往后推四年，日本开始了明治维新。三十年后的1894年，中日甲午战争爆发。

丘逢甲从他出生之日起，在他幼小的生命里就注定要面对列强的步步入侵，就注定要承担起寻求救国强国的道路、重现中华民族伟大复兴的神圣使命，而他以一生的经历也做到了。"逢甲"这个名字，他的父亲或许寄予了很多美好的愿望，当然他也实现了这些期望。但是，这个名字，更与台湾的屈辱历史联系在一起。

启蒙成长　随父就读

丘元宝是一位家塾教师，因此丘逢甲学业上的启蒙教育就由父亲来承担，这个得天独厚的便利条件为他的启蒙成长奠定了良好的基础。

丘逢甲从小聪颖过人，父母教他的一些话语，以及辨识的一些器物，他几乎都能一遍记住。这引起丘元宝的注意，心中思索这孩子是个难得的可造之材，若能好好培养，将来考取功名、建功立业、光宗耀祖是很有希望的事情。于是，父亲将考取功名的希望寄托在了丘逢甲的身上，早早地对他进行启蒙教育。

据说丘逢甲两岁时，父亲抱着他从李氏祠堂门前经过，见到门两边浓墨重书的"孝"、"悌"二字，就指着教他辨识。在丘逢甲幼小的心灵里，就这样开始识字学习了，开始接受中国传统文化精神的浸润。

1867年（清同治六年），丘逢甲三岁，父亲就把他带到李氏家塾中，让他跟其他学童一起读书、习字，自己亲自授课，启发他的心智，培养他的学习兴趣。丘逢甲曾在给胞弟丘树甲的诗中回忆了在家塾中读书的情景："以父为之师，读书同一堂。"并注明"予与弟皆未更他师"。丘逢甲对父亲小时候给予的谆谆教诲留下了深刻印象，为他以后从事桑梓教育，开启民智产生了积极而重要的影响。

最初，丘逢甲跟其他大龄学童一起读"三百千"，即《三字经》《百家姓》《千字文》等启蒙读物。那时候，不论他的年纪还是个头，和其他大龄学童相比都要差一大截，但是聪颖过人的他读起书来几乎能过目不忘，内容理解起来都要比他人快一些，父亲对此十分欢喜，对他更加严格要求，给予他更多的悉心指导，让他更多地接触蒙学典籍，像《弟子规》《幼学丛林》《声律启蒙》《增广贤文》等。日积月累，丘逢甲把父亲收藏的那些书籍都读遍了，幼小的心灵受到了儒家文化的教化和浸润，在学识的积累上日渐笃厚。

除了学习书本知识外，丘元宝还经常给儿子讲中国古代的历史文化以及先贤的事迹，包括丘氏家族流传下来的故事和佳话，以此激励他向先贤学习，锤炼品德，心怀天下苍生，能够实现立德、立功、立言的崇高追求。丘逢甲在听到父亲讲起历朝历代精彩的历史事件和杰出的历史人物故事时，听到父亲讲起丘氏先祖丘梦龙传承和弘扬朱熹学说的故事时，听到父亲讲起丘氏先祖丘文兴追随文天祥抗元的故事时，听到父亲讲起和自己同生于甲子年的民族英雄郑成功驱逐荷兰殖民者收复台湾的爱国光辉事迹时，听到父亲讲起1840年以来中国遭受列强入侵、国土支离破碎、民不聊生的悲惨命运时……他的心中有自豪和崇敬，也有向往和期许，更有愤怒和忧虑。一个个或远或近、或浅或深的故事凝聚着、激荡着他的爱国爱乡情感，幼小的心灵里也渐渐埋藏起护国安邦、报国效时的种子，随着时间和生活的滋润，慢慢生根发芽，慢慢长大，成为指引他人生征程方向的关键。

丘元宝知道"读万卷书，行万里路"的重要性，因此并不只是让儿子闭门读书，两耳不闻窗外事。每每外出，总要带上丘逢甲，让他从小接触社会，了解世事人情，开阔他的眼界，丰富他的阅历，尤其是结合一些实地景物，讲一些相关的历史

《大清台湾府野番风俗图册》

故事和人物。如他家附近有郑成功当年的活动遗迹，并留下了"国姓井"、"忠烈祠"的古迹，丘逢甲看着这些颇有沧桑的古迹，听着父亲讲关于郑成功的那些故事，感觉就像发生在眼前，所受到的情感冲击更加强烈，那种护国安邦的愿望也更加笃定和迫切。

丘逢甲的家乡不论是淡水厅的铜锣湾，还是彰化县的东势，都是风景秀丽的地方。尤其是彰化县的东势，山清水秀，环境优美。丘逢甲从小生活在这样的环境中，和大自然亲密接触，常常得见山清水秀、鸟语花香、男耕女织的美丽场景。在大自然的陶冶和影响下，他的性格和情操充满了淳朴和自然：敬畏而又羡慕大自然的神奇力量，热爱自己的家乡，热爱家乡的山水，热爱在山水间辛勤劳作的人们，充满着对自然、家乡乃至国家的热爱。

与此同时，丘逢甲从小也深受家庭中辛勤耕作、清朴刚正、为人厚道的良好家风家教的熏陶和影响。因此，在读书闲暇之余，他会经常帮助家里操持家务，照看弟妹。这些艰苦生活的磨炼，成为他生命教育中的重要内容，对他的成长以及形成吃苦耐劳、坚韧不拔的性格乃至更完整的人格产生了积极有益甚至是关键的影响。而母亲陈掌妹的勤劳淳朴、待人贤惠也深深影响了丘逢甲。母亲的辛劳，母亲的教诲，他都记在心里，叮嘱自己不论何时都要孝敬父母，感恩父母的辛勤养育之恩。丘逢甲在后来写的《菊枕诗》里面，回忆了母亲的辛勤劳动以及对子女的百般呵护：

> 繄余昔龆龀，嬉戏慈母旁。
> 开园种秋菊，寒花映书堂。
> 殷勤慈母心，采菊缝枕囊。
> 祝儿蠲宿痾，祝儿好容光。

总之，丘逢甲从小接受到比较完整的有关生产、生活、生命等方面的良好教育和磨练，受到大自然以及社会生活的有益熏陶和影响，他的心中慢慢积聚起爱国爱乡的浓烈情感，慢慢树立起报国效时的大志向。

崭露头角 名起东宁

丘逢甲从五岁开始，在父亲的严格要求下，每天读书不止，笔耕不辍，从不间断，保持了一生。这种好习惯使他从小在学业上崭露头角，进而出类拔萃、科举联捷，为其成为中国近代"诗界革命之巨子"奠定了良好的基础。

随着丘逢甲年龄的增长以及知识的积累，丘元宝引导他读"四书"、"五经"等儒家经典，也逐渐让他背诵唐诗、宋词，如《千家诗》《唐诗三百首》等，学业进步更快。据说，他十一二岁的时候，居然可以充当父亲的助手，在家塾里教那些年纪更小的学童了。

在学习各类经典的同时，丘元宝也开始教丘逢甲学习对对子，写诗歌、短文。丘元宝本身很喜欢诗歌，撰有《觉世诗存》，因此以自己的作诗经验对丘逢甲进行引导和训练。据说丘逢甲五岁能诗、六岁能文，这是与丘元宝的悉心教育和指导分不开的。

现在我们见到的丘逢甲最早的作品是1872年（清同治十一年），他八岁时写的两首七言古诗。其中之一《学堂即景》这样写道：

三落书房菊蕊开，玲珑秀色满园堆。

儿童扫径尘埃地，灌者观花影上来。

另一首是《万寿菊》：

采见南山岁几重，古香古色艳秋容。

爱花合为渊明寿，酒浸黄英晋万钟。

据说这两首诗是他在没有准备的情况下，按照父亲的要求写的即兴之作，从第一首的"即景"二字大致可以看出来。"即景"是指就眼前的景物即兴创作。一个年仅八岁的孩子，在很短的时间内写出朗朗上口的诗句，把学堂和菊花的景色写得十分真切得体、意境悠远，足见他的过人之处以及勤学苦练之功，更能看出丘元宝的苦心教育和悉心培养。

丘逢甲九岁那年，丘元宝到彰化县三角庄（今台中神冈）教书，他跟随父亲前往就读。当时三角庄的望族吕炳南家藏书非常丰富，诸子百家、唐宋时期各大家的诗文集以及金石文字等几乎都有收藏，总数达二万一千多卷。在吕炳南家教书的是当时著名学者吴子光。丘元宝与吴子光交谊非常深厚，因此丘逢甲有机会随父亲经常出入吕家。在这里，丘逢甲结识了吕炳南的三个儿子：汝玉、汝修、汝诚，经常与他们在一起交流读书心得。而吕家的丰富藏书，让酷爱读书的丘逢甲如鱼得水，常常大量借阅，他的知识面因此更为宽泛，学识底蕴更为深厚。同时，他也拜吴子光为师。聪慧勤奋的他深得吴先生厚爱，并得到格外的指导，学识也大为长进。在这里，丘逢甲还参加了吕家组织的学艺团体"文英社"，其中的一篇习作《继而有师命》因功力深厚，被评为第一名。后来，他又在另一个文学团体组织的比赛中，以《君子以文》的文章获得第一名。因此，小小年纪的丘逢甲在东势一带渐渐有了名气。

1877年（清光绪三年），台湾府将举行院试。院试又称童生试，是儿童进入官学和正式参加科举考试的资格考试，合格者称为生员，又称秀才。丘逢甲知道后，跃跃欲试，恳求父亲让他前去应考。丘元宝也觉得儿子聪慧勤奋，决定让他试试看，于是虚报十六岁，亲自带着儿子去台湾府城参加考试。

从彰化县到台湾府城，步行要六七天时间。丘逢甲跟随父亲一边跋山涉水赶路，一边观赏沿途风土人情。只是年幼的他体力不支，双脚起泡，走不动了，丘元宝只好背着他赶路。途经嘉义县的时候，丘元宝恰巧碰到一位老朋友。这位朋友看到丘元宝背着年幼的儿子去府城赶考，有些惊异，便打趣要试试丘逢甲的才学，于是就出了个上联："以父作马。"丘逢甲略加思索，应声答道："望子成龙"。那位朋友一听，十分工整，连声称赞，真是捷才。

赶到台湾府城，离考期还有几天。于是，丘元宝带着儿子四处游览。这里是台湾开发较早的地方，历史悠久，文化底蕴深厚。郑成功收复台湾后，将此作为东都，设立承天府。其子郑经执政后，改东都为东宁，因此台湾也称"东宁"。清朝统一台湾后，在此设立台湾府，直到1885年台湾建省前，这里一直是全台的政治、经济、文化中心。府城内外，名胜古迹众多，有郑成功时代设立的"全台首学"——孔子庙，还有赤嵌楼、安平古堡①、延平郡王祠、大天后宫等。丘逢甲在这些古迹名胜以及府城繁华的街巷中穿梭游览，大大开阔了眼界，增长了知识，尤其是更多地了解了郑成功抗击殖民者、收复台湾、开发台湾的伟大壮举，心潮澎湃，对先贤的崇拜之情，心中那

---

① 安平古堡，古称奥伦治城、热兰遮城、安平城、台湾城，位于今台湾台南市，最早建于1624年，是台湾地区最古老的城堡。自建城以来，曾经是荷兰人统治台湾的中枢，也曾经是郑氏王朝三代的宅第。

种爱国爱乡、渴望护国安邦、报国效时的情感更加浓烈。

应试那天，丘逢甲在父亲的护送下，进了考棚。科考试题要求写赋、诗、词各一首。赋题为《穷经致用赋》，要求以题为韵；诗题为《赋得"天容海色本澄清"，得清字七言八韵》；词题为《穷经致用·调寄西江月》。丘逢甲看到考题，稍作思考，结合所学所见，不到一个时辰就完成了三篇文章，交卷出场。其中《穷经致用·调寄西江月》词如下：

兴起八叉手健，吟成七步才雄。更兼经史满怀中，只觉大材适用。欲布知时甘雨，愿乘破浪长风。他年位若至三公，定有甘棠雅颂。

词写得很有气魄，展示出他的过人才智，表达了他希望护国安邦、报国效时的大志向。一位监考的考官看到丘逢甲这么早就交卷，十分惊奇，以为是他猜中了题。于是又让他以《试场即景》为题，用"殊"韵作五言六韵一首。丘逢甲略作思考，下笔未久便成：

奕奕神童像，千秋说晏殊。
诗因曾作矣，题诗试他乎。
胸里虽成竹，毫端恐合符。
笔开花在手，春暖墨留壶。

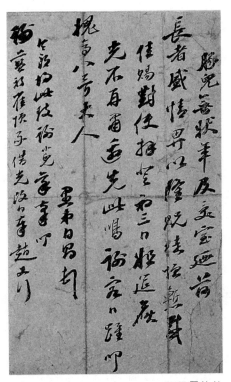

丁日昌信札

旧样添新样，今吾即故吾。

一经遴选出，声价重皇都。

　　考官见丘逢甲马上就作完，一看所作的诗句：朗朗上口，语意不凡，暗自赞叹这位考童才智过人，于是向主考官丁日昌报告了这一情况。

　　丁日昌（1823—1882），广东丰顺县人，字禹生，清朝晚期军事家、政治家，洋务运动的主要代表人物。他在政务之余，悉心读书，尤其酷爱搜罗典籍，喜爱有才学之人。当时，丁日昌任福建巡抚兼提督学政，台湾府院试之际，他以提督学政的身份主考，当得知丘逢甲在考生中年纪最小而又最早交卷，文章写得有板有眼，也感到很惊奇，便命下属把丘逢甲叫来，问了姓名、年纪。为测试他的才学，丁日昌以"甲年逢甲子"为上联，命丘逢甲对下联。丘逢甲不慌不忙，心想今年是丁丑年，主考官大人又姓丁，于是灵机一动，马上以"丁岁遇丁公"对之。丁日昌听后大为惊奇，见丘逢甲年纪小小，却才思敏捷，果然少见，于是又命他以《全台利弊论》为题写一篇千字策论。丘逢甲一口应允，不慌不忙拿起笔，结合所学所闻，洋洋洒洒疾书两千余字，文不加点。文章刚写到一半，丁日昌就急忙凑前去看，极为赏识，连称奇童。而到此时，通场交卷的考生还寥寥可数。当日考试结束后，丁日昌当即宣布：丘逢甲为是科院试第一名，并赠给他"东宁才子"印一方，以资鼓励。"东宁"是台湾的别名，于是"东宁才子"丘逢甲的美名便在台湾士子中传开了。

丘逢甲本只是想去试试，没想到初出茅庐第一胜，竟然金榜题名，成为台湾有史以来最年轻的头名秀才，这让无数的人刮目相看，称赞不已，也期望他能科场联捷。丘逢甲自己也是春风得意，踌躇满志，决心更加努力，不辜负所有人的期望。

科考联捷　高取进士

科举制度是我国古代选拔人才、任命官员的一种制度，自隋朝设立以来，到清代已经形成了完备的体系。按照当时的规定，读书人只有通过科举考试，才能被选拔任命为官员。正式的科举考试分为乡试、会试、殿试三级。乡试每三年在省城举行一次，称为大比，因为在阴历八月举行，故又称秋闱，只有秀才才有资格参加，考中者称为举人，第一名称为解元。会试则是在乡试后的第二年春天在京城礼部举行，因此称为春闱，只有中举的人可以参加，考中者称为贡士，第一名称为会元。殿试是在会试之后在京城宫城内的保和殿举行，所有的贡士参加，皇帝亲自主持。殿试录取者称为进士，其中一甲录取三名，赐进士及第，第一名称状元，第二名称榜眼，第三名称探花；二甲录取若干名，赐进士出身，第一名称传胪；三甲录取若干名，赐同进士出身。考中进士，就意味着金榜题名，可以担任官吏，光宗耀祖。科举不第者，三年后再考，直到考中为止。很多读书人从一个懵懂少年，一直考到白发苍苍，但也未必考得上。科举让很多人白白浪费了大好时光，埋没了人才，也束缚了社会的发展。

丘逢甲在科举考试的道路上，是个幸运儿，小小年纪，第一次参加童生试便拔得头筹，成为了很多学童梦寐以求的秀才，取得了正式参加科举考试的资格，他已经站在了平步青云、光宗耀祖的功名之路的起点上了。只是，当丘逢甲还沉浸在"东宁才子"的喜悦中时，1878年、1879年他的祖母、母亲先后病逝，接连遭遇的不幸让他悲痛不已，无心科举功名。此时，丁日昌因病乞休，准备回广东故里，因为十分器重丘逢甲，行前就给他写信，希望他能一起到他的家乡潮州读书深造。但是按照丁忧之制，丘逢甲要为母亲守丧三年，所以他婉言谢绝了丁日昌的好意邀请，也暂时将科举功名放在了一边。1882年，丁日昌在广东老家病逝，丘逢甲闻讯后，十分悲痛，他曾在诗文中说，"每念师门，泪辄涔涔坠也"，表达出对丁日昌的深深怀念。

丘元宝见全家长时间沉浸在悲痛之中，决定换一下环境，举家迁到彰化县翁仔社，在此继续教书。不久，丘元宝经朋友介绍，又娶了一位年轻姑娘杨氏做继室。一家有了杨氏的照料，悲痛也慢慢平复。丘逢甲随着心绪的慢慢和缓，一边继续潜心学习，一边协助父亲教书。1883年，丁忧期满，丘逢甲娶秀才廖赓芳的女儿为妻。这一年，他也在朋友的鼓励下，三天内完成吟咏

刘铭传半身像

台湾风土人情的诗歌《台湾竹枝词》百首，诗作"叙事纯实，论史精确，允称佳构"，他也因此再次名闻全台。

1885年（清光绪十一年）秋，二十一岁的丘逢甲首次横渡台湾海峡，到省城福州参加乡试，只是初试不第。随后，他利用闲余时间，到福建各地游历，了解风土人情，尤其看到了闽台两地语言、习俗、建筑等诸多方面的同文同根、一脉相承，那种爱国爱乡的情感更加浓烈。也就在这一年，清廷宣布台湾改建行省，刘铭传为第一任巡抚。

丘逢甲自福州返台后，继续随父亲读书并佐教。偶然间，他所作的《台湾竹枝词》被时任台湾兵备道兼提督学政唐景崧看到，十分赏识。唐景崧（1841~1903），广西灌阳人，字维卿，同治进士，选庶吉士，改吏部主事。1882年，法国入侵越南，唐景崧自请赴越南，协同刘永福抗击法国侵略军。中法战争结束后，唐景崧升任福建省台湾道道员。台湾建省后，又升任台湾兵备道兼提督学政。唐景崧出生翰林，颇具文才，喜欢结交文人雅士。当他读到《台湾竹枝词》，觉得诗文颇为清新，一经打听，是出自"东宁才子"丘逢甲之手，于是派人请丘逢甲到府上叙话。一经交谈，觉得丘逢甲才智过人，出语不凡，人才难得，当即罗为门生，两人也自此结下不解之缘。唐景崧曾撰联相赠："海上二百年，生此奇士；胸中十万卷，佐我未能。"表达出对丘逢甲才能的高度评价和赞赏。

1887年，丘逢甲年仅十四岁的胞弟丘树甲也在全台童子试中斩获第一名，得到刘铭传 、唐景崧的赏识。唐景崧便邀请丘逢甲兄弟俩同到当时台湾的最高学府——海东书院深造，一同在此学习的有新竹县郑鹏云，安平县汪春源、叶郑兰等，进士施士洁担任主讲。同时，唐景崧还延聘丘逢甲担任其幕僚，协助处理文书事务。唐府的藏书极为丰富，种类繁多，既有民间难以见到的官方典册文书，又有介绍西方学说的译著，总量达上万卷之多。渴望阅读的丘逢甲抓住这难得的机会，稍有空闲，就钻进书房中博览群书，废寝忘食，于古今中外朝闻国政及百家小说，无不览，无不记，尤其注重研读介绍西学的译著，了解西方国家的发展状况。多年的积累，丘逢甲已经有相当的学识和阅历，生活的磨练也让他有了更强的独立思考的能力，更加深化了对中外学说的理解，学识大为长进。他之后写的《中国学西法得失利弊论》，洋洋洒洒万余言，能会中西之通，备受唐景崧的赞赏。这一年，台南（原台湾府）举行府试，策问试题为《何以安置余勇》，丘逢甲所作获第一名。在台南，丘逢甲兄弟俩还经常参加唐景崧在官邸举办的"文酒之会"，与上层名士及学子切磋学艺，眼界更为开阔，才识都有长进。

1888年（清光绪十四年）夏天，丘逢甲第二次赴福州参加乡试，这一次他如愿中举，榜列第二十八名，好友吕汝修也同榜中举。当他载誉回到台湾后，前来延聘的人络绎不绝，家中一时门庭若市。次年春天，丘逢甲与吕汝修、台南许南英（著名小说家许地山的父亲）一同前往北京参加会试，一路跨海峡，经沪上，出吴淞，越黄海，入津门，历经月余终于抵达京城。丘逢甲目睹沿途的风土人情、社会状况，看到一个泱泱大国在列强的侵凌下，竟然满目疮痍，民生凋敝，当年繁盛的景象不再，不觉感慨"长太息以掩涕兮，哀民生之多艰"。在京期间，经人介绍，丘逢甲认识了年长他十六岁的黄遵宪（公度），两人因爱好诗文、志趣相投，一见如故，遂结下深厚友谊。

　　抵京未久，丘逢甲入贡院参加会试，中第八十一名贡士。再又参加在保和殿举行的殿试，中三甲第九十六名进士。随后受到光绪皇帝召见，钦点为工部虞衡司①主事。对于此次科考的情景，他后来曾写诗回忆道：

> 十二年前此夜中，白袍人正试南宫。
>
> 惊心胡马蹂春甸，矫首孤黑忆故丛。
>
> 何日扫尘迎警跸，当时入彀枉英雄。
>
> 万言策在嗟无用，冷对山堂烛泪红。

　　丘逢甲在二十五岁的时候，如父亲所愿，终于科甲及第，并钦点主事，实现了无数学子终身梦寐以求的科举梦想和荣

---

① 虞衡司：负责掌管制造、收发各种管用器物，核销各地军费、军需、军火开支，主管全国度量衡制及熔铸货币，采办铜、铅等事。

耀，达到了人生中的一个高峰。

辞官返台 执教桑梓

考中进士，钦点主事，仕途前景本是非常光明的。但是出乎无数人意料的是，丘逢甲到任未久，便援例以侍奉年老双亲，告归回台，从事桑梓教育。

是什么原因让丘逢甲作出如此重大的抉择，放弃在京城做官的大好前途，回到台湾故里做一个小小的教书匠呢？这可不是他年轻气盛、心血来潮之举，而是以自身渊博的学识以及丰富的阅历，经过深思熟虑之后作出的理性决定，更是他爱国爱乡浓烈情感，以及渴望护国安邦、报国效时的大志向决定的。他深深忧虑国家的前途命运，希望能够真真切切为国家做一些有意义的事情，挽救危亡的时局。

丘逢甲在后来写的一些诗词中，回想了当年弃官回台，从事教育的心态和原因："除官崔烈嫌铜臭"、"亲老怕浓游宦味，调高难作入时音"、"医贫已误三年艾，浇俗难凭七品茶"、"家贫何术铸黄金"、"卖文自悔生涯拙，桃李门前春又深"……丘逢甲淳朴、耿直的性格，对于朝政颓废、官员渎职无为感到非常气愤，他看不惯官场的贪污腐败，看不惯权贵鱼肉百姓，不愿和碌碌无为之徒同流合污，更不愿意"摧眉折腰事权贵"，让自己高洁的意气被官场的乌烟瘴气浸染。他看到工部虞衡司主事的虚衔根本无从施展自己的才华，不愿意自己从小立下的报国效时之志就此埋没。所以，"亲老"只不过是一个借口，他想远离不合自己性情的是非之地，能够自如地去生活、去做事，而不受不必要的牵绊。

更为关键的原因是丘逢甲对国家危亡命运的极大关注。鸦片战争后，腐败的清廷一方面无法抵御列强的入侵，另一方面继续压榨百姓，国内起义斗争风起云涌，整个国家满目疮痍，政局更加摇摇欲坠。19世纪中后期，列强更加明目张胆地入侵中国周边国家及中国边疆地区，日、美出兵侵略台湾，俄、英争夺新疆，英国窥视云南、西藏……中国边疆地区危机四伏。尤其是台湾极为重要的战略地位，列强一直妄图将此作为入侵中国大陆的一块跳板，因此多受觊觎。1867年，美国利用"罗佛号"商船事件，在台湾南部琅𤩝（今恒春）登陆，企图占据台湾。1868年，英国进攻台湾，获得了采运樟脑、传教等特权。1874年，日本借口"牡丹社事件"出兵进攻台湾，胁迫清廷签订《北京专条》，索取赔偿白银五十万两，并承认其侵台是"保民义举"。以此为借口，日本于1879年正式吞并中国的属国——琉球王国，改为冲绳县。1883年，中法战争爆发，次年进攻台湾基隆、淡水、台北等地，封锁台湾海峡，企图占据台湾，福建巡抚兼督办台湾防务大臣刘铭传指挥台湾军民英勇抗敌，重创法军，使法军占据台湾的阴谋没有得逞，但中法战争最终以"法国不胜而胜，中国不败而败"结束。也是在这样的背景下，1885年中法战争结束不久，清廷即下诏台湾建省，刘铭传为首任巡抚。

丘逢甲在十四岁的时候，就开始留心国家大事，通过一些从港沪等地辗转到台湾的报刊，了解到世界的发展情况，慢慢开阔了眼界。而他随着年龄的增长，从出行的所见所闻和大量的阅读中，以及西方列强恣意入侵中国大陆以及台湾的一幕幕触目惊心的事实，尤以新近发生的中法战争为甚，看到了中国和西方列强之间的巨大差距，大大刺激了他，他深深为国家、民族的前途命运担忧，也促使他不断思考该如何挽救国家、民族的危亡，如何实现国家的强大和复兴。

自19世纪60年代开始的洋务运动，促进了中国的近代化进程，出现了"同光中兴"的局面，让摇摇欲坠的清廷延缓了分崩离析的时间，也让更多的有识之士看到了短暂的希望。丘逢甲在赴福州以及北京赶考的途中，有机会目睹到洋务运动给中国带来的新的发展动力。尤其是台湾建省后，刘铭传作为洋务派的代表，在台湾锐意兴办洋务，通过量田清赋、兴建铁路、架设电线、兴办军火工业、创办新式学堂、施行新式邮政等新举措，加速了台湾的近代化进程，使台湾的经济社会发展较内地多数省份更为迅速，也更多地受到西方文明的影响，台湾已经成为当时中国较为进步的一个省份。这一切让丘逢甲看在眼里，也思索在心里。因此，他更加关注西方的时政情况，广泛涉猎介绍西方学说的译本，了解西方文明的发展道路，探寻实现国家富强、民族复兴的道路。

唐景崧坐像

同时，丘逢甲自小跟随父亲就读，父亲的一举一动让他看到了教育在培养人才上的重要作用和巨大魅力，而自己协助父亲教书的经历也让他尝到了教书的乐趣。在理想和现实面前，他经过长时间的深思熟虑，认为"欲强中国，必须兴起人才为先；欲兴起人才，必以广开学堂为本"，"专意养士讲学，或为民间仗义兴笔，反有意义"。因此，他最终决定辞官返台，回到家乡从事教育，这也正表明了他与众不同的人生价值取向和炽热的爱国爱乡之心。诚如他自己所说："方今四海毕达，五大在边，瀛海非终无事之时，天下正急需人之日。"

　　丘逢甲从北京返台后，最先到台南拜谢了恩师唐景崧。唐景崧见到后非常高兴，邀请他参与政事，被婉言谢绝了，他告诉恩师，自己希望回到故乡服务桑梓、教化青年、开启民智，为国家培养更多的人才，唐景崧只得点头同意。

　　1890年（清光绪十六年），丘逢甲应聘到台中衡文书院、台南罗山书院担任主讲，后来又到新竹五峰乡创办山庄书院，同时还兼任嘉义崇文书院山长，一年之中不辞辛苦，南北奔波于各书院之间，热心培育青年、开启民智。自此之后的五年中，丘逢甲一直在这三所书院中教书。在教学过程中，他根据自己以往的学习体验以及社会的发展动态，对教学内容和教学方法作了大胆的改革，不再完全看重八股之类无用的形式，只是将其作为应试的必要环节加以练习，而主要介绍中外史地以及舆情，传播西方新学以及新思潮，引导学生留心时事。他还自订了一批报刊，如香港《德臣报》、上海《申报》、《天津时报》等，鼓励学生多阅读报章，放眼世界，增长见闻，关心国家民族前途，探求救国之路。在他的悉心引导下，岛内涌现出一批心怀抱负的有志青年，他们后来成为了反对割台、抗日保台的中坚力量。

同时，丘逢甲更大胆地提倡并招收原住民青年入学，这足见他的心胸和胆识的过人之处，也和他的人生经历息息相关。丘逢甲的家乡和原住民居住区相互交错，他目睹了原住民生活条件的落后以及文化知识的匮乏，阻碍了他们的发展，也限制了台湾的发展。因此，他力主培养原住民青年，希望能开启民智。他的这一举动，得到了好友黄遵宪的褒奖："赤嵌城高海色黄，乍消兵气变文光。他年番社编文苑，初祖开山破天荒。"丘逢甲在家乡从事教育活动，显示出他关注国家前途命运，以兴学育才来报国效时，将个人命运和国家命运紧密联结起来，展示出他爱国爱乡的深厚情感。

执教期间，丘逢甲买下台中大埔厝（今台中潭子）的一座宅院，因宅中有一株古柏，于是将这座新居取名"柏庄"，唐景崧亲自题写匾额。之后，全家迁入。由于元配廖夫人婚后连生二子皆早殇，且不能再生育，他遵从父命，经表兄谢道隆介绍，娶葫芦墩的吕隋珠为如夫人（妾），后生子丘琮。

1892年（清光绪十八年），《台湾通志》总局正式开设，丘逢甲在掌教书院之外，又兼任《台湾通志》采访师，负责采访、补辑乡土旧事，因此有较多机会深入民间，了解社会民情，对下层人民的生活、习俗、历史更为了解。他曾经作长诗《老番行》，记述了自己采访原住民的经过，表达了自己的爱民恤民之心以及希望改变他们生活状况的愿望，更印证了他招收原住民青年入学的过人之举。

在辞官返台执教的这段时间里，丘逢甲面对国家深刻的民族危机和复杂的社会矛盾，也不禁感到十分愤懑和隐忧，他曾慨叹道："孤岛十年民力尽，边疆千里将材难"，"风月有天难补恨，江山无地可埋愁"。他渴望有非凡的人才来挽救国家的危亡局面，也渴望自己能有机会施展才华。自己虽然隐居山林，专心教读，但那种报国效时的渴求，在国家积贫积弱的屈辱中却变得愈加炽热和强烈，"毅然以天下为己任，恒为大吏陈国家大计"。他曾自书"且看鹰隼出风尘"明心志，他并不只是在隐居教读，更是在等待时机、积聚力量，时刻准备报效国家。

可以说，丘逢甲隐居乡下，默默从事桑梓教育，培植青年，开启民智，是他爱国爱乡思想和报国效时志向的最初实践。而面对中日甲午战争这场突如其来的民族灾难，丘逢甲立即投入到抗日保台的血与火的战斗中，反抗日本侵略，维护国家主权和领土完整，这是他爱国爱乡的思想及报国效时的志向最浓墨重彩的一笔，也让他接受了人生中最严峻的考验，展示出一位爱国志士最光辉的一面。

第二章 抗日保台

弃教从戎 创建义军

1894年，又一个逢甲之年，但对于丘逢甲来说，并不是一个令人欣喜的年份。这一年，他迎来了改变他一生命运的大事件——甲午中日战争，以此为起点，他亲身投入到抗日保台的血与火的战斗中，将爱国爱乡的情感燃放出最绚丽的火花。

在说起甲午中日战争之前，有必要梳理一下台湾的历史脉络以及中日之间的"恩怨是非"。

台湾从远古时代开始，就与我国大陆有着天然的不可分割的联系。起初台湾与大陆相连，后来因地壳运动才出现了台湾岛。台湾的早期住民大部分是从大陆直接或间接移居而来，台湾地区最早的人类化石——"左镇人"，与福建考古发现的"清流人"、"东山人"同出一源。

有关台湾的文字记载，最早可追溯到三国时代。公元230

年，吴王孙权派卫温、诸葛直率领将士到达"夷洲"（台湾），这是大陆第一次大规模接触台湾。吴人沈莹也据此写成了《临海水土志》，对台湾的情况进行了详细描述。

隋炀帝曾三次派将士到台湾"访察异俗"，"慰抚"当地居民。随后，大陆沿海居民特别是福建泉州、漳州一带居民，为躲避战乱兵祸，纷纷流入澎湖或迁至台湾，带去了当时先进的生产技术。南宋时，澎湖划归福建泉州晋江县管辖。元朝在澎湖设立巡检司，管辖澎湖、台湾民政事务，隶属福建泉州同安县（今厦门），这是中国正式在台湾设立专门的管理机构。明朝永乐年间，郑和率船队下西洋的途中，曾在台湾停留，给当地居民带去工艺品和农产品。明朝中期以后，"台湾"这一名称出现，并逐渐成为正式称谓。由于日本倭寇对我国东南沿海的长期侵扰，明政府在相当长的时间内采取了消极的"海禁"政策，导致了中国走向封闭和落后，也造成台湾的开发缓慢和管理薄弱。荷兰、西班牙殖民者乘机于1624年和1626年侵占了台湾的台南和基隆。1642年，荷兰人又打败西班牙人，独霸台湾，实行了长达三十八年的殖民统治，也引起台湾人民的激烈反抗。1652年，郭怀一领导了一次较大规模的农民起义，最终被残酷镇压，但表现了台湾人民反抗外国殖民统治的英勇精神。

1662年，郑成功在台湾各族人民的支持下，率军打败了荷兰殖民者，收复台湾，台湾从此回到中国的怀抱。1683

年，清廷又结束了郑氏政权分治的局面，台湾和大陆实现了统一。随后，清廷在台湾设立行政管理机构，隶属福建省管辖。同时，大陆地区闽粤一带的居民也不断向台湾移民，为开发台湾带去了丰富的劳动力、先进的生产技术和文化，台湾地区的政治、经济、文化得到相当程度的发展，两岸之间的联系更加紧密。1840年以后，台湾因战略地位极其重要，受到西方列强的垂涎，成为遭受列强入侵较多的地区。1885年，中法战争之后，清廷正式在台湾建省，台湾的发展进一步加快，重要性更加凸显。

总之，台湾从远古以来，不论是地理、血脉，还是文化、法理渊源，都是和中国大陆同根同源、一脉相承的。台湾属于中国，是中国领土不可分割的一部分，是无可争辩的事实。

但是，中国东方一衣带水的近邻，中华文化影响至深的日本，却一直奉行海外侵略扩张的对外政策，对中国台湾以及近邻朝鲜的觊觎却也是由来已久，其侵略野心窝藏数百年甚至千年之久。明朝中后期，日本的倭寇势力多次对台湾进行武装侵略，明政府曾派军队前往剿灭，还在澎湖增设"游击"、"春秋汛守"，在台湾基隆、淡水两港驻屯军队，加强防守。日本丰臣秀吉在侵略朝鲜的同时，曾荒谬地修书送到台湾，令所谓的"高山国"居民向日本纳贡，无人理睬。德川家康也曾派兵入侵台湾，因遭到当地民众的坚决抵抗而失败。

鸦片战争前，日本和中国的国情相类似，落后封闭。19世纪50年代，日本开始遭受美、俄、英、法等西方列强的入侵，逐渐沦为半殖民地国家，民族矛盾和社会矛盾不断激化，实行锁国政策的德川幕府统治逐渐动摇。随后，具有资本主义改革思想的地方实力派力量，在"尊王攘夷"、"富国强兵"的口号下剑指幕府统治，倒幕运动蓬勃发展，最终建立起以明治天皇为首的封建军国主义政权，并于1868年开始"明治维新"，大力发展资本主义。

说到日本的明治维新，这里有一个小故事。第一次鸦片战争期间，魏源受林则徐嘱托，以其主持编译的《四洲志》为基础，花费十余年时间，广泛搜集资料，编写成《海国图志》一百卷。这是一部中国历史上划时代的著作，书中详细叙述了世界各国的历史和地理，提出要"师夷之长技以制夷"，打破了传统的夷夏之辨的文化价值观。但是这部著作，在当时中日两国之间却产生了截然不同的影响。在中国，《海国图志》出版后，很少有人认真地阅读和领会书中的深刻内涵。相反，却引起了众多守旧士大夫阶层的一片骂声，他们认为《海国图志》是一本大逆不道的书，无法接受书中对西方蛮夷的"赞美"之词，更有甚者主张将《海国图志》付之一炬。而在日本，当《海国图志》流传到日本后，日本人如获至宝，认为这简直就是天照大神（日本神话中高天原的统治者与太阳神，被奉为日本天皇的始祖，也是神道教最高神）送给他们的礼物，因为书中的内容让他们大开眼界，使他们第一次如此详尽地了解到西洋各国。因此，《海国图志》不断被"偷渡"到日本，甚至日本人干脆在国内翻印了《海国图志》，前后达十五版之多，引起了更大规模的阅读热潮。这本书在日本的思想界产生了重要影响，成为日本朝野上下革新内政的"有用之书"，推动了日本明治维新运动的发展。梁启超曾说，日本明治维新的前辈们"皆为此书所刺激，间接以演尊攘维新之活剧"。

正是这种不同，中国虽然较早地开始了洋务运动，但是由于坚持"中学为体，西学为用"的发展道路，中国的近代化进程很缓慢。而日本几乎完全投入到西方文明的怀抱中，资本主义迅速发展起来，整个国家很快摆脱了半殖民地的危机，最终走上了对外侵略扩张之路。中日两国向西方学习的近代化成果，最终在甲午战争中展示出来。

刚刚建立起来的明治天皇政权，继承了日本以往侵略中国和朝鲜的基因，表现出了强烈的对外侵略扩张的欲望和野心。尽管日本与中国在1871年签订了平等的《中日修好条规》，指出"两国所属邦土，亦各以礼相待，不可稍有侵越"。但日本包藏祸心，早早地把吞并朝鲜、侵略中国作为基本国策，制定了一个所谓的旨在征服中国和世界的"大陆政策"：第一步征服台湾；第二步征服朝鲜；第三步征服满蒙（即中国的东北和蒙古）；第四步征服全中国；最后独占亚洲，称霸世界。明治天皇曾公开叫嚣，宣称要以武力"开拓万里波涛"，"布国威于四方"，"北则割据中国东北之领土，南则掠取中国之台湾"，要让台湾"永镇皇国之南门"，其穷兵黩武、不可一世的丑恶嘴脸暴露无余。据统计，明治维新后的七十多年中，日本对外发动和参加十四场战争，其中十场战争是针对中国的，可见日本是入侵中国的罪大恶极者。

随后，日本政府推行了吞并琉球王国的侵略计划。琉球王国是一个位于中国东部的群岛国家，自1372年（明洪武五年）起就定期向中国称臣朝贡，和中国一直保持着密切的宗藩关系。明治维新后，日本一直想让琉球王国只向日本称臣进贡，进而吞并琉球。1871年，发生了琉球国进贡漂民被台湾原住民杀死的"牡丹社事件"，日本以此为借口于1872年单方面宣布琉球王国是日本的"内藩"。1874年，日本派出三千侵略军，悍然出兵台湾。但由于实力悬殊，清廷积极应对，加上日军水土不服，最后失利。在美英等国的"调停"下，日本胁迫清廷签订《北京专条》（《台湾事件专约》），索银五十万两，承认日军侵台是"保民义举"，即等于承认琉球是日本的属地。1875年，日本武力占领琉球群岛，禁止琉球向清朝进贡，并改用日本年号。1879年，日本完全吞并琉球，改为冲绳县，北部诸岛并入鹿儿岛县，琉球王国灭亡。琉球成为日本入侵台湾的前沿据点。后来清廷一直就琉球问题与日本谈判，但未达成协议，一直悬而未决。

出兵台湾，是日本明治维新以来第一次对外侵略战争，也是中国与日本在近代史上第一次重要的外交事件。"牡丹社事件"大大刺激了日本对外侵略扩张的野心，也在清廷中激起轩然大波，李鸿章认为"日本近在肘腋，将永为中土之患"。清廷经过海防战略的大讨论之后，最终决定设立北洋水师、南洋水师。

日本出兵台湾、吞并琉球后，下一个目标就是朝鲜。朝鲜在很长的历史时期，一直是中国极为重要的外藩。朝鲜因其地理位置，在日本从大陆输入先进技术、文化的过程中，发挥着极为重要的作用。但是日本从来不晓得知恩图报，而是窝藏侵略野心，觊觎朝鲜半岛一千多年。早在公元232年，日本倭人就围攻新罗都城，掠夺了大量金银财宝和图书。4世纪中叶，日本大和国趁机侵略新罗①。公元391年，大和国又几次渡海入侵百济、新罗，直到公元404年才被高句丽打败。随后，日本又多次入侵朝鲜，长达一个多世纪，最终在公元663年被唐朝、新罗联军彻底击败。1592年、1597年，日本丰臣秀吉又两次发动侵朝战争，妄图以朝鲜为跳板攻占北京，最后被大明和朝鲜联军打得惨败。

1875年，刚刚走上维新之路的日本以武力入侵朝鲜，强迫朝鲜签订了《江华条约》，取得了通商租地、领事裁判权等一系列特权。1882年，日本借口朝鲜"壬午兵变"，大举进兵朝

---

① 新罗：朝鲜半岛国家之一，从传说时代起，立国达992年。公元503年开始定国号为新罗。

鲜。由于清廷派兵迅速平定内乱，日本没有占到大便宜，但强迫朝鲜签订了《济物浦条约》（《仁川条约》），取得了在朝鲜的派兵权和驻军权。1884年，日本操纵朝鲜亲日派开化党发动"甲申政变"，组织亲日政府，企图驱逐中国在朝鲜的势力。朝鲜国王在驻朝清军的帮助下，迅速镇压了这次政变，但日本要挟清廷订立了《天津会议专条》，规定朝鲜今后若发生重大变乱事件，中日两国或一国出兵朝鲜，必须事先相互知照，为日本后来进一步侵略朝鲜埋下了伏笔。

日本从一连串的对外侵略中尝到了甜头，进一步加快了侵略中国的计划。1885年，日本以中国为假想敌，开始了为期十年的扩军计划，但仅用七年时间就建立起一支拥有常备兵六万三千人、预备兵二十三万人的近代陆军，以及排水量为七万两千余吨（包括各种军舰三十一艘，鱼雷艇二十四艘）的近代海军。1887年，日本拟定《征讨清国策》，不断举行大规模海陆军联合演习，准备和中国进行一场以"国运相赌"的战争。1893年，又成立了"战时大本营"，不断派遣间谍潜入朝鲜和中国窃取情报，秘密绘制军用地图，为伺机对中朝发动大规模战争做好了各方面的准备。

1894年5月，朝鲜爆发了东学党领导的声势浩大的农民起义，朝鲜统治者无力镇压，于是向清政府求援。日本军国主义者认为这是挑起战争的天赐良机，一面极力诱使清廷出兵朝鲜，保证自己"必无他意"，一面在国内秘密进行战争动员，充分做好了出兵朝鲜的准备。清政府对日本的"保证"深信不疑，于6月4日派叶志超、聂士成率清军二千五百人入朝，驻守在汉城牙山一带，并按《天津会议专条》的规定通知了日本。日本见清政府中计，便借口保护使馆，陆续出兵一万余人，抢先占领了从仁川到汉城沿线的战略要地，并逐渐包围驻守牙山的清军。7月25日，日本不宣而战，在朝鲜牙山口外的丰岛海面偷袭中国的运兵船，同时悍然进攻驻扎在牙山附近的清军，正式挑起了侵华战争。8月1日，中日两国正式宣战。

中日甲午战争爆发的消息很快传到了台湾。这让一直关心国事的丘逢甲忧心忡忡，他回想起这些年来的国际国内形势，尤其是日本的一切举动，心中预感到战略位置极为重要的台湾很有可能会遭遇更大的危难，他觉得"天下自此多事矣！日人野心勃勃，久垂涎此地，彼讵能恝然置之乎？"他的父亲丘元宝也认为："台湾乃中国东南七省屏藩，台湾一旦不保，中外之局不堪设想。"因此，担心台湾安危的丘逢甲率先倡议要将全台各地的民众集结起来，加强训练，做好应对危难的准备。

鉴于战事危急，防范日本入侵台湾，清廷派福建水师提督杨岐珍与抗法名将、广东南澳镇总兵刘永福率军到台湾布防，杨岐珍驻防台北，刘永福驻防台南。同时，命太仆寺卿林维源（台湾淡水人）督办团练防务。林维源虽然是台湾首富，但在督办团练的过程中，十分吝啬，仅"报效土勇两营，自备粮饷"，还奏称"台湾团防就绪"，实际上毫无成效可言。丘逢

刘永福

甲在了解到这些情况之后，对全台团练事务的裹足不前更是担忧不已。

中日两国开战以来，前方传来的尽是清军失利或是战败的消息，这让身处台湾乡村的丘逢甲心急如焚，茶饭不思，彻夜难眠，更是无心书院中的教学事务。他十分担忧此次战争最后的结局，尤其是家乡台湾的前途命运，估计很难避免卷入战争。但是卷入战争，最后的胜算有多少？他思量台湾岛内的驻防，仅仅只有数十营、约三四万人的驻军，而且多是内地来的兵勇，不仅纪律松弛、缺乏训练，而且七零八落、互不统属，战斗力十分薄弱，一旦开战，必定是溃败无疑的。每每想起这些，丘逢甲的心情焦虑无比，终日思量着怎样为国家效力，解救家乡的危难。而每每想起自己一介书生，作为一名书院的主讲，又有多大的能耐能够驰骋疆场、杀敌卫国，心情也是万分矛盾，不知道报国效时路到底该朝哪个方向走。正当自己毫无头绪、痛苦万分的时候，他在书房中不经意间看到了自己题写的"且看鹰隼出风尘"，随后想起了先贤岳飞、文天祥、郑成功等英雄人物以及先祖创兆公的故事；想起了曾国藩组建湘军，为国家竭力效命的故事；想起了班超投笔从戎的故事……不觉热血涌上心头，自己当年不正是希望像他们那样建立一番功业吗？如今正是国家需要用人的危难时刻，大丈夫不趁此时效命国家，更待何时？于是他决心投笔从戎，以先贤为榜样，担当起保家卫国的重任。就这样，一介书生，站到了保家卫国的最前列，成为最重要的领导者。

1894年8月，清廷命台湾布政使唐景崧与刘永福帮同台湾巡抚邵友濂筹办防务。丘逢甲去拜见恩师唐景崧，请求允许他筹办团练，得到了唐景崧的认可和支持。于是这一年中秋节前后，丘逢甲以"守土拒倭号召乡里""倾家财以为兵饷"，开始在乡下招募义勇，筹办团练，加强军事训练。丘逢甲的做法得到了父亲丘元宝的全力支持，他也要求"一门子弟能干戈者尽令从戎"，并要求他们"协心军事，上答君师，下保乡井"。为筹办好团练，丘逢甲四处奔走，深入农家，发动青年子弟踊跃从军。他呼喊道："吾台孤悬海外，去朝廷远，不啻瓯脱，朝廷之爱吾台，曷若吾台民之自爱？官兵又不尽足恃，脱一旦变生不测，朝廷遑复能顾吾台？惟吾台人自为战，家自为守耳。否则祸至无日，祖宗庐墓之地掷诸无何有之乡，吾侪其何以为家耶？"丘逢甲当年因"东宁才子"而名满全台，考中进士后又辞官返乡从事桑梓教育，多年来在台中、台南等地的书院担任主讲，门生子弟以及诗友遍布全台，在全台的各个阶层中都有很高的名望。在家国危难之际，他又倾自家资财筹办团练。所以他在民众中一号召，便引起全台各界民众的强烈反响和大力支持。据说他"一字一泪，言未已，已哽咽不能成声，听者咸痛哭，愿唯命是听"。在他的呼吁和号召下，台湾的爱国志士纷纷响应，很快就组建起一支人数众多的团练队伍，全台的团防工作有了更大的起色。

由于邵友濂和唐景崧不合，清廷于当年10月将邵友濂调入内地，着唐景崧署理台湾巡抚。同时，令刑部主事俞明震也来台湾帮办防务。唐景崧随即向朝廷上奏："臣于闻之初，即商邀在籍工部主事丘逢甲遴选头目，招集健儿，编伍在乡，不支公帑，有事择调，再给粮械。现台湾府所属四县已挑集一万四千人，编为义勇二十六营，造册前来。南北两府，并令丘逢甲一体倡办。该主事留心经济，乡望式符，以之总办全台义勇事宜，可以备战事而固民心，于防务不无裨益。"唐景崧在奏折中褒扬了丘逢甲筹办团练的成绩，这也足见丘逢甲的过人之处和远见卓识。

1894年11月，经朝廷认可后，唐景崧正式委派丘逢甲"总办全台义勇事宜"，"招募义勇，以备征调"，并将团练改称义军。丘逢甲自任全台义军统领，在台中柏庄家中设立司令部，祭旗誓师。在他的积极组织下，全台各地义军人数迅速增加。当年冬，全台编册义军就达一百六十余营，特别编练者三十二营，声势浩大，号称十万之众。各军以诚、信、靖、壮等十六字为号，每字大约统辖五营，每营约三百六十人至五百人。从一张丘逢甲当年亲手制订的义军编制名单里，可以得见当时他编练义军的一些情况：

中路义军"诚""信"二十营一哨编制

义勇诚字		义勇信字		
正中营：谢道隆 副中营：陈昌岐	一千人	正中营：丘先甲 副中营：廖连璧	一千人	附一哨王启明二百人
正前营：丘国霖 副前营：李镇安	一千人	正前营：杨道东 副前营：洪方魁	一千人	
正左营：连炬森 副左营：魏宣明	一千人	正左营：丘玉成 副左营：赖国芳	一千人	
正右营：吕炳山 副右营：陈懋勤	一千人	正右营：丘敏功 副右营：林朝元	一千人	
正后营：陈锡范 副后营：林国清	一千人	正后营：陈秉干 副后营：李广升	一千人	

　　义军的成员基本是当地的农民，尤其以迁台的客家子弟居多。各营的统领，大多是秀才以上出身的爱国青年，有不少还是丘逢甲的门生子弟和好友，如吴汤兴、徐骧、谢道隆、丘国霖等，他们以后都成为了义军的重要统领。但是，由于交通和联络不畅，丘逢甲尽管是全台义军统领，但基本上只能统领中路义军的一部分，"义军者只有军籍，而其人均在田间听调者也"。他一共统领诚、信、靖、壮四字二十营的义军，驻防在台中及新竹一带，并兼任筹饷事务。

　　由于清廷帝后两党在主战、主和上的无休止斗争，李鸿章也极力避战求和，寄希望于列强的"调停"，清军在前线的战斗一败涂地。1895年2月，威海卫陷入敌手，北洋舰队全军覆没；3月，辽东半岛全部沦陷，日本侵略军作出攻占北京城的战争姿态……清廷见此惊恐万分，被迫授李鸿章以"商让土地之权"，命其作为全权大臣并携子李经方，以及美国顾问科士达于3月中旬赴日本求和。

清廷前方战事的不断失败，也让台湾的局势越来越紧张。日本曾有官员向伊藤博文建议迅速占领台湾。认为："占有台湾者，可能扼黄海、朝鲜海、日本海之航权……况与冲绳及八重山群岛相联，一臂所伸，以制他人之出入乎？若此一大岛而落入他人之手耶，我冲绳诸岛亦受鼾睡之妨，利害之相反，不啻霄壤。"唐景崧得到消息后，于是立即"饬各路严加防范"，又命令丘逢甲统带义军北上，防守台北后路。丘逢甲接到命令后，迅速集结所统领的义军北上，在北起南崁，南至台北、台中之间的后垄一带布防，以备战守。

只是唐景崧心胸狭窄、刚愎自用，前与邵友濂不合，后又对刘永福猜忌不断。刘永福当年率黑旗军在越南抗击法军声名鹊起，但是被唐景崧"招安"后，却始终也没有得到清廷的信任，只挂了一个没有实权的广东南澳镇总兵，其统领的黑旗军也逐渐被裁撤。调到台湾时，他的黑旗军老部下只剩三百余人，无奈只得临时招募乡勇，凑了千人之数。在台湾，他也只得了一个没有实权的帮办之职，而且顶头上司恰好是唐景崧。

即便台湾到了存亡之际，唐景崧也没有放下对他的猜忌、提防之心。当时，刘永福率黑旗军驻守台南，但他深知台北防务重要，亲自去台北和唐景崧会商全台防务事宜，建议全台防御统一部署，并主动提出率黑旗军协防台北地区，但是这个合理建议被唐景崧回绝了。丘逢甲得知后，也亲自赶往台北，谒见唐景崧和刘永福，从中调解两人的意见，希望刘永福能驻守台北。但最终唐景崧还是不为所动。丘逢甲只得出而叹息道："其殆天乎！"正由于唐景崧的刚愎自用，听不进不同意见，给台湾的防务带来了很大的危害。

　　丘逢甲在台北后路的布防还未完全就绪 。1895年3月中下旬，正值中日两国在马关谈判期间，日本派出由五千多名官兵以及联合舰队主要战舰组成的南征军，突然向澎湖列岛发起攻击，并于3月26日占领澎湖列岛，在此设立"澎湖列岛行政厅"进行殖民统治，台湾上空陡然战云密布。澎湖列岛为闽、台之锁钥。攻取澎湖，很明显是针对台湾而来的。唐景崧见此情形，一下慌了神，急忙命令丘逢甲派两营义军到澎湖对面的台南一带布防。唐景崧的此举已经犯了兵家大忌，本身丘逢甲统领的义军人数就有限，却还要分散到各处防守，更削弱了兵力。丘逢甲见这一调动毫无道理，写信通过俞明震向唐景崧转达了意见，表示"义军初出，其调度、训练均须逢甲一人亲自任之，如相隔太远，亦难得力……布子太散，亦非胜着之棋"。唐景崧见丘逢甲所言很有道理，只好同意他继续驻防台

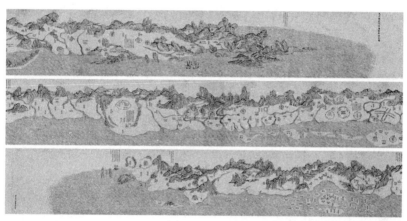

大清国台湾府海陆布防全图

北后路一带。

为了有效做好布防工作，形成良好的防御作战方案，丘逢甲凡事身先士卒、亲力亲为，经常顶风冒雨，徒步跋涉于山野之间，查勘地形，走访当地村民，对周围的情况了如指掌，为布防和防御打下了坚实的基础。他曾说："虽仓促受命，尚觉布置从容。"只是由于劳累过度，以致"积受寒湿，痰饮感发，心绪烦闷"，但他从没有因此而影响到驻防工作。因为局势紧迫，丘逢甲所招募的义军兵勇都没来得及认真训练。鉴于所统领的兵勇"皆乡里子弟"、"将领多门下诸生"，他采用了"训多于练"、"教以大义"的治军方法，培育广大将士同仇敌忾、保台卫国的信心和勇气，他经常帕首短衣，四处查勘布防；日夜深入将士之间，嘘寒问暖，与大家同甘共苦。他对将士说："受命仓促，恐旦夕有警，止能使人自为战……唯逢甲望轻才拙，誓与士卒同甘苦，借结人心。"他这种爱国爱乡的炽热精神，深深感染了广大义军将士，大家"其心尚为团结"，"营中气习尚少，与百姓亦甚相安"，始终军纪严明、斗志高昂。

澎湖失陷后，日本军舰经常在台湾海峡游弋，窥探台湾军情，形势越来越危急。丘逢甲一面饬令各营义军严加防守，做好随时抗敌的准备，一面接连向唐景崧报告防区的敌情动态：

十九日（1895 年 4 月 13 日）夜有轮船在南崁港口放电灯二

钟许，系皆北向南；二十一、二日均有一二轮船自南向北；本日有一轮在黑水洋，有一黑色轮，无旗，驶向红土山约二里许……

昨夕（1895年4月17日）戌刻，因丘国霖报称：倭轮近岸泊，又探有奸细在渔寮等处，当往查拿等语。当即飞报，想以达览。旋通传各营，一律预备开仗，并饬分哨往援丘国霖，且派本营得力弁勇驰往搜拿奸细……

可以说，丘逢甲在驻防台北后路期间，扎扎实实做了很多工作，可谓是尽心尽力，但是遗憾的是并没有得到唐景崧该有的肯定和支持。丘逢甲通过书信向唐景崧禀报关于军饷、军械等各类情况多达十九次，但是唐景崧对于丘逢甲的这些请示事项，几乎没有给予答复。对于各军的待遇情况，唐景崧"初谓事同一律"，不论亲疏，但实际上却是厚此薄彼。唐景崧认可的将领则能够领到官府批给的薪水，丘逢甲曾举荐了几位协助义军颇为得力的将领，但是唐景崧却没有批给他们薪水，这让统领全台义军事务的丘逢甲十分为难，很多事情无法顺利落实下去。更让丘逢甲意想不到的是，义军的武器弹药也无法保障供给，他曾多次向唐景崧呈报武器弹药问题，唐景崧要么拨给一些早已淘汰、无法使用的旧枪炮，要么批复丘逢甲"令自设法"。面对种种为难情形，丘逢甲"思之不能成寐"，不禁感叹道："贫如禁体作文章，不意今日带兵，还是穷书生本色生涯也。"在这样艰苦的条件下，义军的战斗力也是可想而知的。但是尽管如此，丘逢甲还是尽心尽力，苦心经营，在很短的时间内编成了十营义军，其统领五营："诚"字三营、"靖"字一营、"捷"字一营；其兄丘先甲统领"信"字三营；进士陈登元统领"良"字两营；三弟丘树甲是全台义军营务处帮理。由于丘逢甲及其兄、弟三人都在参与义军事务，因此"丘门三杰"在全台义军中一时传为佳话。

正当丘逢甲在台湾积极布防的时候，李鸿章也在日本马关（今下关）乞降求和。3月20日，李鸿章与伊藤博文、陆奥宗光开始谈判，李鸿章提出："要求在开始媾和谈判之前，首先议定休战事项。"日本代表十分蛮横，提出必须由日军占领大沽、天津、山海关等四项极为苛刻的停战条件，双方就此争持不下。3月24日，李鸿章在返回寓所途中，被日本狂热分子小山丰太郎开枪击中。子弹打中了李鸿章的左颧骨，血流满面，幸而未伤及性命。小山丰太郎之所以刺杀李鸿章，是要阻止中日议和，他认为日本在甲午战争中攫取的利益还不够。李鸿章的意外遇刺，各国舆论哗然。日本政府担心列强干涉，迫于国际舆论压力，也为了安抚李鸿章，遂于3月28日同意暂时停战三周。但停战协议是"停北不停南"：中日两国在奉天、直隶、山东地方的海、陆军，一律照停战条款办理，而台湾战事则不在停战协定规定之内，日本照打不误。总之，无论马关谈判结果如何，日本侵占台湾的计划一步没停。当丘逢甲得知这一消息后，便敏感地感到台湾可能被李鸿章出卖，将落入日本人之手。他曾断然表示："如当国者真有弃台之意，窃愿举所有义旅，共保危疆。"在这危难时刻，他给唐景崧去信说："（日本）若窥台北，基、沪重兵所在，必不敢来，计非南崁，必在后垄……而此二处皆逢甲弟兄所分防地，如布置早定，自可无虑。"他对自己所驻防的区域很有信心，但也希望唐景崧能全力保障军备物资等的供应，这样才能万无一失。同时，他对驻防台湾的清军也有担心，委婉地希望"但使诸将协心，能与防地共存亡，倭寇虽凶，未必即能全占台省"。

但是，丘逢甲的这种担心还是不幸成为了事实。驻守台湾的清军虽然人数众多，但是派系对立，军纪涣散，腐败严重，毫无战斗力可言。唐景崧也是刚愎自用，不能知人善任，朝令夕改，以致上下离心。抗法名将林朝栋本来驻守基隆附近的狮球岭，但唐景崧听信他人谗言，将林调往台中，造成狮球岭没有了得力的守将。驻守沪尾海防要塞的将领，竟然在两个月之内更换了三次。政令的混乱，让将士之间疑虑重重，更是离心离德，于是诸军"各自为统，呼应遂以不灵，甚至与居民相寻斗，视纪法如弃髦"。与日军一触即溃，致使丘逢甲驻守台北后路的义军因为陷入孤军作战而不得不失败。

总之，丘逢甲在中日甲午战端拉开之后，以过人的眼光首倡筹办义军，在全台局势日益危急的情况下，展示出台湾民众自发起来保家卫国的英勇精神和爱国爱乡的炽热情怀。遗憾的是，以丘逢甲为代表的台湾民众的爱国爱乡热情并没有得到唐景崧等官员的全力肯定和支持，以致在日寇压境的情况下，并不能真正发挥出民众抗日保家卫国的作用，让台湾民众爱国爱乡的炽热情怀留下了最悲壮的一面。

血泪上书 反对割台

丘逢甲一直担心的事情终于还是来了。

1895年4月17日（清光绪廿一年三月廿三日），在日本马关春帆楼上，李鸿章与日本伊藤博文经过近一个月的谈判之后，没有争得日本的半分退让，迫于压力，最终不得不在日本提出的谈判草约上签字，这就是丧权辱国的中日《马关条约》（《媾和条约》）。条约共十一款，主要内容是：

（一）承认朝鲜为"完全无缺之独立自主国"，朝鲜对中国的朝贡、奉献、典礼等永远废止；（二）将辽东半岛、台湾全岛及所有附属各岛屿（包括钓鱼岛）、澎湖列岛及国有物永远让与日本；（三）赔偿日本军费库平银①两万万两；（四）开放沙市、重庆、苏州、杭州为通商口岸，日船可沿内河驶入以上各口；（五）认可日本最惠国待遇，允许日本臣民在中国通商口岸设立工厂，产品运销内地只按进口货纳税，并准在内地设栈存货。

---

① 库平银：清朝国库收支使用的标准单位。

条约还规定，上述割让之地的中国居民，两年内允许变卖产业、自由迁出，"限满之后尚未迁徙者，酌宜视为日本臣民"；"台湾一省应于本约批准互换后，两国立即各派大员至台湾，限于本约批准后两个月内交接清楚"。同时，为保证中国履行条约，日军暂时占领威海卫。

《马关条约》是自1840年以来，清政府与外国列强签订的最严重的不平等条约，其割地之大、赔款之巨、主权沦丧之重，前所未有。

以《马关条约》的签订为标志，宣告清廷历时三十余年的洋务运动最终失败，近代化成果化为乌有，打破了近代以来中国人民对中华民族伟大复兴的追求。割地赔款，主权沦丧，便利列强输出资本，掀起瓜分中国的狂潮，标志着列强侵华进入了一个新阶段，大大加深了中国的半殖民地化。中国被近邻小国日本打败，不仅国际地位一落千丈，更是深深刺痛了国人的民族自尊心，直接导致中国人民掀起挽救民族危亡运动的更大浪潮，一方面资产阶级掀起了维新变法运动和民主革命运动，另一方面以义和团为标志的自发反抗外国侵略的斗争也广泛开展起来。同时，日本因为得到巨额赔款和台湾等战略要地，本国的资本主义进一步发展，一跃成为亚洲唯一的新兴资本主义强国，对外侵略的野心进一步扩张。

签约消息传来，举国上下一片哗然，各地掀起了反割地反投降的斗争。

处在抗日前线的海城、盖平等地的百姓，坚决反对割让辽东半岛，并集结义兵十数万，准备继续抗击日军。

正在北京城参加乙未科考的各省举人，听到《马关条约》签订的消息后，群情激愤。康有为联络各省举人在北京外城达智桥松筠庵集会，讨论上书请愿之事。4月22日，康有为、梁启超写成一万八千字的《上今上皇帝书》（又称《万言书》），提出拒签和约、迁都抗战、变法图强三项建议，请求皇帝"下诏鼓天下之气，迁都定天下之本，练兵强天下之势，变法成天下之治"，随后各省举人一千三百多人共同签名，并准备通过都察院上书光绪皇帝。而力主议和签约的军机大臣孙毓汶得知后，派人到各省会馆威胁阻挠，结果《上今上皇帝书》未能呈交都察院，但是已经在社会上广为传抄，产生了很大的影响。这就是有名的"公车上书"，并成为资产阶级维新政治运动的起点。

与此同时，台籍举人对割台更是义愤填膺、声泪俱下。4月28日，参加会试的台籍举人汪春源、罗秀惠、黄宗鼎联合任户部主事的台湾进士叶题雁、翰林院庶吉士李清琦，联名上书都察院，强烈抗议割台"弃地界仇"，其奏折呈文说：

> 无台地则不特沿海七省岌岌可危，即京畿亦不能高枕。……今者闻朝廷割弃台地以与倭人，数百万生灵皆北向恸哭，闾巷妇孺莫不欲食倭人之肉，各怀一不共戴天之仇，谁肯甘心降敌！

纵使倭人胁以兵力，而全台赤子誓不与倭人俱生，势必勉强支持，至矢亡援绝，数千百万生灵尽归糜烂而后已。……不知弃此数千百万生灵于仇敌之手，则天下人心必将瓦解，此后谁肯为皇上出力乎！……夫以全台之地使之战而陷，全台之民使之战而亡，为皇上赤子虽肝脑涂地而无所悔。今一旦委而弃之，是驱忠义之士以事寇仇，台民终不免一死，然而死有隐痛矣！……与其生为降虏，不如死为义民！……全台防勇一百二十余营，义勇番丁五六十营，军火粮械可支半年，倭人未必遂能逞志。但求朝廷勿弃以予敌，则台地军民必能舍死忘生，为国家效命。职等谊切君亲，情关桑梓，不已哀鸣，……

此次上书史称"五人上书"，是最早代表四百万台湾同胞发出的心声，表达出坚决反对割台、誓与日寇血战到底的决心和勇气。

清廷中的一些爱国官员也行动起来，通过奏章、电报等反对割地，指责李鸿章"丧心误国"。一些爱国志士纷纷赋诗作文，表达满腔的义愤。著名爱国诗人黄遵宪在《台湾行》诗中激愤地写道："城头逢逢擂大鼓，苍天苍天泪如雨，倭人竟割台湾去……"邵增祜在《闻议和定约感赋》中愤怒鞭挞统治者的卖国行径："圣主终神武，其如国贼何？元戎甘割地，上将竟投戈……向来无一策，富贵只求和。"上海《申报》更是发出了"我君可欺，而我民不可欺；我官可玩，而我民不可玩！"的强烈呼声。也有人在城门上题一对联："台湾省已归日本，颐和园又搭天棚。"据统计，从4月中旬到5月初，仅反对割台的上折上书就达一百四十余件，两江总督张之洞等晚清名臣皆在此列，全国各阶层人民发出了抵御外侮、反对侵略的心声，一场前所未有的反侵略、反卖国的爱国运动在神州大地风起云涌。

4月17日当天，台湾方面通过洋行、外国商人隐约打听到条约签订的消息，其中有割台条款，也风传日本的兵轮可能"即日来台"。听到这一消息，丘逢甲心头一紧，虽不能判断消息是否为真，但他立即通知义军各营，如果遇到日军登陆，"一律预备开仗"。同时，他立即给唐景崧去信："如议和者竟有割台之举，默察台地情形，必至内乱。此时无绳尺之可拘，倘有英雄者出，但使封疆大臣中有能隐助以军火，即足集事，饷则不必问矣。"表达出对全台防务的担心，也希望能有拯救台湾的英雄人物出现，所以他在信中提醒唐景崧："浩劫茫茫，未知天心何属，于此令人思郑延平一流人不置。"希望唐景崧能够像郑成功那样，集聚全台民心，护台卫国，抵御日本的入侵，建立起不朽功勋。

第二天，割让台湾的凶耗一传到台湾，立即炸开了锅，全台人民"若午夜暴闻轰雷，惊骇无人色，奔走相告，聚哭于市中，夜以继日，哭声达于四野"。丘逢甲闻讯后，怒不可遏，恸哭流泪，当即刺破手指，血书"抗倭守土"四个大字，以示抗敌保台的坚定决心。在这无比悲痛的境地，丘逢甲一方面严正饬令各营义军，加紧备战，严阵以待，随时抗击来犯之敌，同时，立即召集当地绅民集会抗议，并以"工部主事、统领全台义勇"的衔名第一次血泪上书清廷：

和议割台，全台震骇。自闻警以来，台民慨输饷械，不顾身家，无负朝廷。列圣深仁厚泽，二百余年所以养人心，正士气，为我皇上今日之用，何忍弃之！全台非澎湖之比，何至不能一战？臣等桑梓之地，义与存亡，愿与抚臣誓死守御。设战而不胜，请俟臣等死后，再言割地，皇上亦可上对祖宗，下对百姓。如日酋来收台湾，台民惟有开仗。谨率全台绅民痛哭上陈。

丘逢甲在上书中表达了对清廷割让台湾的强烈愤慨，更表示出全台民众"誓不服倭"、誓死保卫家乡台湾的坚定决心。只是这份上书并没有递交到朝廷，石沉大海，毫无回音。

当时，彰化县绅民得知后也是无比愤慨，他们也到县署门前抗议示威，发布檄文，表达对割台的巨大悲痛，怒斥李鸿章等人的无耻卖国卖台，檄文说：

痛哉！吾台民从此不得为大清国之民也。吾大清国皇帝何尝弃吾台民哉！有贼臣焉，大学士李鸿章也、刑部尚书孙毓汶也、吏部侍郎徐用仪也。台民与汝李鸿章、孙毓汶、徐用仪有何仇乎……将关系七省门户之台湾，海外二百余年戴天不二之台湾，列祖列宗深仁厚泽不使一夫失所之台湾，全输之倭奴！我台民非不能毁家纾难也，我台民非不能亲上死长也，我台民非如汝李鸿章、孙毓汶、徐用仪无廉耻、卖国固位、得罪于天地祖宗也。我台民父母妻子、田庐坟墓、生理家产、身家性命，非丧于倭奴之手，实丧于贼臣李鸿章、孙毓汶、徐用仪之手也……我台民与李鸿章、孙毓汶、徐用仪，不共戴天，无论其本身、其子孙，其伯叔兄弟侄，遇之船车街道之中，客栈衙署之内，我台民族出一丁，各怀手枪一杆，快刀一柄，登时悉数歼除，以谢天地、祖宗、太后、皇上，以偿台民父母妻子、田庐坟墓、生理家产、性命无冤无仇，受李鸿章、孙毓汶、徐用仪之毒害，以为天下万世无廉无耻、卖国固位、得罪天地祖宗之炯戒……乱臣贼子，人人得而诛之。

台北绅民也在4月18日当天"鸣锣罢市"，大家扶老携幼，涌向巡抚衙门集会，向唐景崧痛哭泣陈，抗议清政府的割台卖台罪行，宣告"抗缴厘金"，"禁各盐馆售盐、饷银不准运出、制造局不准停工"，台湾税收应全部"留为军民战日之用"，并电约台中、台南各地绅民共同挽留唐景崧和刘永福等固守台湾，全台民众表示："一律预备与倭人决一死战，不愿将全台归与倭人，众志成城，有死无二。"表达出与台湾共存亡的坚定决心。

但是，全台民众的抗议呼声并没能得到统治者的肯定。4月19日，总理衙门在给唐景崧的电文中，极力为割台罪行辩解，说："割台系万不得已之举。台湾虽重，比之京师则台湾为轻。倘敌人乘胜直攻大沽，则京师危在旦夕……又台湾孤悬海外，终久不能据守……不可因一时义愤，遂忘以前所陈种种患害于不顾。"同时又声称："交割台湾，限两月，余限二十日。百姓愿内渡者，听；两年内，不内渡者作日本人，改衣冠。"腐朽的清朝统治者企图压制全台民众对割让台湾的巨大义愤和抗日保台的坚定决心，可谓是一派胡言，恬不知耻。当全台绅民得知电文内容后，愤怒至极，哭声震天，掀起了更大规模的抗议浪潮。

唐景崧在台事日益危急的紧要关头，不仅未能因势利导，把全台军民高昂的抗敌情绪引向正确的轨道，甚至连部属都无法驾驭，稳定驻守清军的局势。4月23日，台北清军中发生了叛乱，叛乱的罪魁祸首叫李文奎，曾因多次违犯军令，被其上司、中军副将方良元责革，遂怀恨在心，暗中勾结党羽，伺机报复。当天，唐景崧的女婿余某准备内渡，李文奎在光天化日之下纠集党羽十余人，持刀半道抢劫余某，并追杀勇丁直趋抚署辕门。方良元得知后，立即出来呵斥李文奎。李却乘其不备，挥刀将其砍死。而李文奎的党羽也乘机鸣枪造反，企图闯进抚署刺杀唐景崧。提督杨岐珍闻讯后，及时率兵赶到将乱党镇压驱散，却也因此死伤无数无辜百姓。

在叛乱平息后，让人出乎意料的是，唐景崧不但没有严惩李文奎，反而以"安抚"为名，将其提升为营官加以重用。丘逢甲得知这一消息后，"深以为忧"，立即从南崁专程赶往台北，劝诫唐景崧要"严肃纪律，雷厉风行，杀一儆百"。但唐景崧自认为处置非常得当，没有采纳他的正确意见。由此全台清军"遂欺景崧之无能，浸骄不可制，至是益紊乱无纪律矣"。

正当丘逢甲来到台北，与唐景崧、俞明震等一起筹划保台方案的时候，传来了俄、德、法三国列强出面干涉还辽的消息。由于日本割占辽东半岛有损俄国的侵略利益，因此俄国联合德、法两国于4月23日向日本政府发出通知，出面干涉还辽："今日本国割占辽东，既有危害中国之首都之虞，也让朝鲜国之独立有名无实，有碍维持远东之和平，故今劝谕贵国确认放弃占领辽东半岛。"日本怕得罪俄、德、法三国，最终接受"忠告"，放弃对辽东半岛的永久占领，但胁迫清政府签订《辽南条约》，榨取了三千万两白银的"赎辽费"。

三国干涉还辽，让丘逢甲等人似乎看到了希望，于是幻想能够争取到列强出面干涉，让日本放弃割占台湾。4月27日，唐景崧致电总理衙门，提出将台湾秘密给与各国为租界的主张，指出台湾多煤，基隆、宜兰多金矿，若依照烟台、上海作为租界的例子，把全台也作为各国的租界，各征地段开矿，中国收其税，彼此利益均沾，全台收益繁盛，各国亦必互禁侵扰。

此时，正出使欧洲的钦差大臣、湖北布政使王之春接到清廷命令，从俄国赴巴黎，与法国商订密约，引法国出面干涉。唐景崧得知后，又相约张之洞分别给王之春去电，请他设法与法国政府密商保台事宜。台北绅民也曾联系沪尾英领事金璋达驻京英公使，表示"全台愿归英保护，恳速派兵轮来台；土地、政令仍归中国，以金、煤两矿及茶、磺、脑三项口税酬之"。唐景崧也在给清廷的奏报中说："台民愤恨，必不服倭；不待去官撤勇，变乱立起。闻三国阻约，人心稍定。"

但是，各个列强之间的利益纠葛很深、矛盾重重，尽管他们都很想乘人之危，企图霸占台湾岛，最终还是没有贸然出面进行干涉。最终，唐景崧、丘逢甲等希冀英、法等国列强"拔刀相助"，出面护台的幻想化为泡影。

无奈之下，4月28日，丘逢甲不得不又一次啮指血书，通过巡抚唐景崧代表全台绅民向清廷上书痛陈：

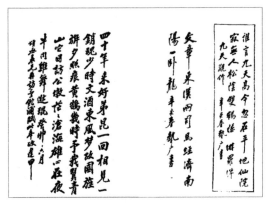

丘逢甲书法

万民誓不从倭，割亦死，拒亦死，宁先死于乱民手，不愿死于日人手。现闻各国阻缓换约，皇太后、皇上及众廷臣倘不乘此时将割地一条删除，则是安心弃我台民。台民已矣，朝廷失人心，何以治天下！查《公法会通》第二百八十六章有云："割地须商居民能顺从与否。"又云："民必顺从，方得视为易主"等语。务求废约，请诸国公议，派兵轮相助；并求皇上一言以慰众志而遏乱萌。迫切万分，哀号待命。乞代奏。

丘逢甲在上书中再次表达了对割台的巨大愤怒，企图说服清廷能回心转意，收回割台成命，也恳求清廷"请诸国公议，派兵轮相助"，不然全台动乱纷起，后果将不堪设想。

早在4月20日，唐景崧就因台民不服割地、恐生激变而向清廷电奏，说："台民不服，闭市；绅民蜂拥入署，哭声震天……其惨自不待言。"又说："士勇数十营，誓愿与战；撤时断不肯缴军装。日人登岸，民必歼之。崧力不能禁，请设法告日：不可遽遣人来，来或被戕，官不任咎；此时官自难保，焉能保人……非挽各国筹一善处之法，和局仍恐有碍。民急思乱，何事不为！并恐劫他国洋行、杀洋人、毁教堂，广开衅端，此后一日有一日之变矣。"

4月23日，李文奎叛乱发生当天，唐景崧事发后立即上奏清廷，表示："弃台大众叹嗟，乱民已起。本日午刻，省城抢劫，砍毙抚标中军方良元、枪毙平民十余人。现距交割之期尚远且未撤营，乱已如此；撤营后，必至全台糜烂，官员恐难保全。"

就在丘逢甲啮血上书的4月28日，由于台湾局势的日益危机，以丘逢甲为代表的台湾绅民亦极力恳请唐景崧、刘永福等担当起抗日保台的重任。无奈之下，唐景崧也同时向清廷上奏说："台民不愿归日，尤虑乱起。朝廷一弃此地，即无王法，不能以尚未交接解之；文武各官，不能俟日人至而后离任。官既离任，民得自逞；不独良民涂炭，各官亦断难自全。盐为养命之源，无法管理，万民立困；此一事，即万难处……立撤勇营，尤为难事。愚民惟知留臣与刘永福在此，即可为民作主，不至乱生；刘永福亦慷慨自任。臣虽知不可为，而届时为民挽留，不能自主，有死而已。"

5月1日，唐景崧又电奏清廷说："台乱日起，臣无泪可挥、无词再争……但能矢志不割地，有此限制，事犹可为。或已失之地力不能复，听其占据，犹属有说；台未失而与人，此端一开，各国援以索地，是不动兵而可裂我疆宇，恐大变即在目前……皇上春秋鼎盛，临天下之日甚长，断不可图苟安！今一割地，以后欺凌艰苦之事，惟皇上一人当之；诸臣不复见矣。割台，臣可偷生；然天良未泯，甘蹈危机，万死不悔……战而失与割而失，大有不同；况战未必即失耶。"

在《马关条约》签订之后不到一个月的时间里，丘逢甲先后啮指五次血书，领衔率领全台绅民向清廷上书三次，要求废约保台，表明"万民誓不服倭"，以示愤慨和决心。关于刺血上书之事，他后来在诗作《重送颂臣》中作了一些追忆："忽行割地议，志士气为塞。刺血三上书，呼天不得直。"唐景崧、俞明震等在台官吏鉴于绅民强烈反对割台，也接连电奏陈情，两个月之内竟达到二十余次之多，表明了"惟有与台为存亡，不敢奉皇上之诏"的坚决气概，恳求清廷收回割台成命。但是，清廷以和议已有成说，悉置不答。

在全台上下一片泣奏之声中，就连光绪帝的老师翁同龢也为之动容，他曾感慨道：

> 得台湾门人俞明震、丘逢甲电，字字血泪，使我无面目立于人世矣。

光绪帝也曾因为唐景崧、丘逢甲等人的血泪奏电，一度满腔愤恨，不忍受此屈辱。其在4月28日接到丘逢甲通过唐景崧代奏的电报后，曾下旨道："连日纷纷章奏，谓台不可弃，几于万口交腾。本日又据唐景崧电称绅民呈递血书，内云《公法会通》第二百八十六章有云：'割地须商居民能顺从与否'；又云：'民必乐从，方得视为易主'等语。台民誓不从日，百方呼吁；将来交接，万难措手。着李鸿章再行熟察情形，能否借三国阻缓之词，与伊藤通此一信、或豫为交接地步；务须体朕苦衷，详筹挽回万一之法，迅速电覆。"

但是，光绪帝毕竟不掌握大清的最高权力，无法掌控政局。不久，李鸿章便以电线遭狂风刮断、短时间难以修复，无法给伊藤博文复电回奏说："因原议只'批准'可电知也。若令鸿为改约另议，适速其决裂兴兵；为大局计，不敢孟浪。且除电报外，亦无通信之法；只可俟另派大员，于换约时详切与商。"把光绪帝的圣旨硬给顶回去了。

由于反割台斗争的呼声越来越大，李鸿章等人生怕这样拖延下去会发生更大的变故。同时，他又接到他的亲信——驻英、法公使龚照瑗的密报，说王之春正在巴黎与法国政府密商保台之事，这使得李鸿章更加感到事情的紧迫，急忙与美国顾问科士达密商，并让科士达代表李鸿章到京出席军机处会议，催促光绪帝从速批准《马关条约》。但光绪帝以丧失领土、主权严重，表示坚决"不允"，拒绝签字用宝。但是，以慈禧为首的投降派，却密谋策划，威逼光绪帝。

5月2日，奕䜣、奕劻、徐用仪、孙毓汶四人在朝廷上，集体向光绪帝发难，要求光绪皇帝批准条约。"上（光绪帝）犹迟疑，问各国回电可稍后否？济宁（孙毓汶）坚以万不可恃为词，恭邸（恭亲王奕䜣）无语，乃议定。众枢在直立候，上绕殿急步约时许，乃顿足流涕，奋笔书之"，最终无奈在《马关条约》上签字。翌日，光绪帝"合约用宝"，《马关条约》正式批准。条约批准后，光绪帝痛心不已："台割则天下人心皆去，朕何以为天下主？"从此，深受刺激的光绪帝，开始了变法图强、不做亡国之君的思考。

5月8日夜间，清廷派出全权大臣伍廷芳在山东烟台与日本全权代表伊东已代治如期交换条约文本，《马关条约》遂正式生效。最终，唐景崧、丘逢甲等台湾官民希望清廷收回割台成命的幻想，也化为泡影，台湾人民的反割台斗争进入了一个新的阶段。

力求自主 义不臣倭

中日两国烟台换约之后，割台已无可挽回，台湾官民所作的种种努力也归于失败。但是全台民众愤怒的呼声并没有消止，一些官绅继续向清廷和列强呼吁，希望还能有最后的机会，更多的民众决心用生命来保卫家乡台湾，各地的士绅纷纷毁家纾难，招募乡勇，购置武器，随时准备抗击日本侵略者。

丘逢甲听到换约的消息后，更是悲愤至极，禁不住失声痛哭，他对众人说："余早知有今日矣！虽然台湾者吾台人之所自有，何得任人之私相授受？清廷虽弃我，我岂可复自弃耶！"在这前所未有的大变故中，丘逢甲感受到了台湾地位的岌岌可危，如何保台成为摆在他面前的严峻问题。因此，他废寝忘食、日夜不停地思考着保台对策，设想着台湾的未来该走向何方。

《马关条约》签订之后，日本也很清楚，仅凭一纸条约绝不可能把台湾轻易收入囊中，他们早就做足了武力攻台的准

日本人眼里的1895年李鸿章签订《马关条约》情景

备。一方面，日本于5月13日便给清廷去电，敦促速派大员到台湾与日方办理割让交接手续。另一方面，烟台换约之后的第三天，天皇就晋升海军军令部长桦山资纪为大将，任命其为第一任台湾总督及台湾交接全权委员，兼军务司令官，并任命驻扎在中国旅顺大连的北白川宫能久亲王为征台司令官。同时，迅速组建了两支攻台侵略部队。一支是桦山资纪亲自率领的"台湾总督府直属部队"，总兵力近七千人；另一支是北白川宫能久率领的近卫师团，兵力近一万五千人。两万多人的攻台部队，加上由三十一艘舰艇组成的庞大海军舰队，准备随时逼近台湾。台湾人民的抗日斗争已经迫在眉睫，一场轰轰烈烈的保台爱国战争即将在台湾的大地上拉开悲情的帷幕。

早在5月中旬，应唐景崧的邀请，曾任清廷驻法参赞的陈季同从上海来到台北为保台做准备。丘逢甲在多日苦闷的思考中，也没有想到万全之策。因此，他邀请陈季同、林朝栋等官绅一起商量办法。陈季同早年毕业于福州船政学堂，曾留学欧洲，精通法语、政治和法律，又担任过驻外使节，熟悉国际法。他考虑到清廷和日本尚未完全完成割台交割手续，台湾仍是中国的一个省，如果此时以台湾省的名义宣布抗日，日本政府必定会对清廷施加压力，通过清廷之手破坏台湾抗日。为此，他援引《国际公法》第二百八十六章："割地须问居民能顺从否"，"民必顺从，方得是为易主"等有关条文，提出"民政自主，遥奉正朔，拒敌人"的对策，这让丘逢甲等官绅多日来的苦闷迷茫顿时豁然开朗。丘逢甲等官绅认为陈季同的对策十分可行，"全台生民百数十万，地方二千余里，自立有余"。暂时脱离清廷而自立，既可对内加强号召，对外争取援助，又不致给日寇以口实，使清廷为难。于是，丘逢甲等人合议，一面加紧进行自主保台的酝酿筹备工作，一面立即向唐景崧汇报，劝说他出面主持自主抗倭大计。

但是，唐景崧在台湾局势日益危机的时刻，还在犹豫不决，一直不肯放弃对列强和清廷保台的幻想，仍在一味地做无用功。5月8日烟台换约当天，唐景崧两次致电总理衙门说："台变在俄顷；崧命在旦夕，危不可言。务求钧署坚请法轮迅速来台；一面先加紧电示，以便安民，待法员到台商办。""向德领事探商，渠亦以为应有电旨饬许使向德外部商请阻割台湾，并由总署向德使筹商……惟添请德国，究与法使有无妨碍？无从遥揣；并请饬总署妥酌。"在随后的5月8日、5月9日，唐景崧又接连给总理衙门去电："闻和约已换，日允归辽，随后与三国会商。伏查侵占之地可以议还，岂有完善之区凭空割弃！法船未来，无从与办。惟恳请总署密诘法使，迅速派员来台晤商；迟恐民变，无从挽救。再，以法独保台，不如请各国公保为善。""法有阻台之说，不知确否？法员未见到……台民死不服日，彼此用武，适涂炭生灵。中、日已和好，可否将台民不服情形，请旨饬下总署邀同各国公使与日本商一安民之策？此等惨状，各国当亦见怜。民变在即，迫切待命。"同时，唐景崧还接连给他的"恩师"张之洞去电，请他代为设法。但是，唐景崧的苦苦哀求，最终只换来清廷冷冰冰的回复，其电文说：

> 时势所迫，勉从其议。其大要约有两端：一则战不可恃，二则进迫京师，利害攸关，视台尤重。一则台无接济，一拂其情，势必全力并攻，徒损生灵，终归沦陷……贵署抚体察实在情形，不可因一时义愤而激（动）……

总之，清廷拒绝了唐景崧的奏请，认为中日若再战，终究还是失败，而且还会威胁到京师的安全。台湾抗日保台，到时候也没有大陆的接济，终究还是会沦陷的，而且还会徒劳死伤更多的百姓。

但是，尽管清廷生冷地给了唐景崧一个闭门羹，他似乎还心存侥幸，仍然犹豫未决。5月13日，当德国领事派人向唐景崧探询洽商保台事宜时，他又起了幻想，立即电奏清廷，请求"饬驻德使臣，向德外部商阻割台，并由总署向德使筹商"。但是，第二天张之洞便来电告知唐景崧："顷闻法使告总署，护台罢议，并请撤王使（王之春）等语。"这让唐景崧的幻想跌入谷底，无奈之下，只得勉强同意了丘逢甲等人的请求。

5月15日，以丘逢甲为首的台湾地方绅民集议于台北筹防局，公集抚署递呈，请唐景崧暂摄台湾政事，初步确定自主抗日大计，同时以全台绅民的名义，给总理衙门、南北洋通商大臣以及闽浙总督等发了一份电报，公开宣布自主保台。电文如下：

敬禀者：台湾属倭，万民不服，迭请唐抚院代奏台民下情；而事难挽回，如赤子之失父母，悲惨曷极！伏查台湾为朝廷弃地，百姓无依，惟有死守，据为岛国，遥戴皇灵，为南洋屏蔽。惟须有人统率，众议坚留唐抚台仍理台事，并刘镇永福守台南。一面恳请各国查照"割地绅民不服"公法，从公剖断，台湾应作何处置，再送唐抚入京、刘镇回任。台民此举，无非恋戴皇清，图固守以待转机。情形万紧，伏乞代为电奏。四月二十一日，全台绅民同泣叩。

清·光绪年间台湾地图

这是丘逢甲为保台的第三次血泪上书，已经表明以他为代表的台湾绅民公开作出了自主保台的决定。但是，从电文中可以看出，台湾尽管要脱离清廷而自主，只是出于无奈，台湾依旧恋戴中国，目的在于"图固守以待转机"。唐景崧也于次日给清廷奏电说：

台民知法不可恃，愿死守危区，为南洋屏蔽。坚留景崧与刘永福；经反复开导，再三力拒，无如众议甚坚，臣等虽欲求死而不得。至台能守与否，亦惟尽人力以待转机。此乃台民不服属倭，权能自主；其拒倭，与中国无涉。

清廷在接到全台绅民及唐景崧的电奏后，认为事关重大，也十分惊恐。在5月16日当天立即给天津的李鸿章去电，说台湾"既为朝廷弃地，惟有死守据为岛国……台民坚留该抚与刘永福，不听开导……是台湾难交情形，已可概见"。命令李鸿章迅速"熟筹办法"，与伊藤博文交涉处理。5月18日，李鸿章复电说，已经接到伊藤博文的来电，日本对于接收台湾之事，"词意甚为决绝"，且日本台湾总督桦山资纪已于5月17日从京都启程，"计日必到澎、台"。同时，李鸿章又提出各种拒绝理由，说台民公电所提及的"割地绅民不服"事项"并非战后让地之例，难以比拟"。而且日本不肯再会谈，"俄、德、法亦不过问"，担心"此事恐开衅端，并连累他处；务祈慎重筹办，大局之幸"。

　　清廷接到李鸿章的复电后，无言以对，也怕因此得罪日本，再开战端，损失赔偿更多，再也不敢心存一丝幻想，死心塌地割弃台湾了。于是，为"免致怀疑借口"，清廷一方面于5月18日当天便下旨"着派二品顶戴前出使大臣李经方前往台湾，与日本派出大臣商办事件"。另一方面，在5月20日下旨，命令"署台湾巡抚唐景崧着即开缺，来京陛见。所有文武大小各员，着即陆续内渡"。同时，再次下旨"着李鸿章饬令李经方迅速往台与日使妥为商办，毋稍耽延"，以表示台湾自主与清廷无关，"中国并无不愿交割之意"。

　　当清廷着唐景崧及文武大小官员开缺内渡的消息传到台湾后，台湾绅民终于对清廷完全绝望。在清廷决意弃台、日本已调军准备进攻台湾、全岛即将沦亡的情况下，以丘逢甲为代表的台湾绅民决定"日集众会议，欲抗朝命"，加快自主保台的步伐。

　　5月21日，即清廷下旨令唐景崧内渡的第二天，台湾在籍官员工部主事丘逢甲、候补道林朝栋、内阁中书教谕陈儒林等在台北筹防局集议，陈季同再申前议，最终确定自立民主之策，共同议定：决定成立"台湾民主国"，推举唐景崧为总统。随后，又就建国自主的具体事宜进行了讨论，决定分头布置，联络筹办。

　　5月23日，丘逢甲等台湾绅民立即以全台民众名义，发布

《"台湾民主国"自主宣言》，宣言宣示道：

> 日寇强横，欲并台湾。台民曾派代表诣阙力争，未蒙俞允。局势危急，日寇将至。我如屈从，则家乡将沦于夷狄；如予抗拒，则实力较弱，恐难持久。业与列国迭次磋商，佥谓台湾必先自立，始可予我援助。我台民，誓不服倭，与其事敌，宁愿战死。爰经大会议决，台湾全岛自立，改建民主之国；官吏皆由民选，一切政务秉公处理。但为御敌及推行新政，必须有一元首，俾便统率，以维持秩序而保安宁。巡抚承宣布政使唐景崧为万民所敬仰，故由大会公推为台湾民主国总统……

1895年5月25日（清光绪廿一年五月初二），"台湾民主国"终于迎来了诞生的日子。台湾四百万民众在向清廷血泪呼号彻底无望后，最终选择了自立民主的道路，怀着对祖国的赤诚之心和对日本侵略者的切齿仇恨，无所畏惧，奋力挣扎，决心以实际行动来抵制丧权辱国的《马关条约》，准备同侵台的日军决一死战，以期扭转乾坤。虽然"台湾民主国"是在日本侵略军进攻已迫在眉睫的情况下仓促诞生，但成立仪式却十分庄严隆重。

当天上午，台北万人空巷，民众纷纷走上街头，扶老携幼，奔走相告，热烈庆贺抗日救国组织的诞生。丘逢甲率领林朝栋、陈儒林等士绅，由艋舺营盘出发，一路群情激昂，昂首前进，浩浩荡荡来到巡抚衙门，由丘逢甲等捧送"台湾民主国""总统印"及"国旗"，向首任"总统"唐景崧献"国旗"、"国玺"和"总统印"。"国旗"为长方形蓝地黄虎旗，长一丈、宽八尺。据说，为了设计这面国旗，充分表达四百万台湾同胞不甘臣服倭寇、永远心向伟大祖国的炽热情怀，丘逢甲等绅民连续几日废寝忘食，冥思苦想，几易其稿，才最终确定了设计样式。它仿照大清青龙旗的样式，设计成蓝地黄虎旗，取龙虎之意，表示虎和龙分不开，国旗比大清的青龙旗低了一个等级，以示龙在天上，虎在地下的尊卑之分，而"虎首内向，尾高首下"则又表示对大清的臣服和依恋。国玺系金质，上刻："民主国之宝印"。总统印亦系金质，上刻："台湾民主国总统之印"。

唐景崧则身着朝服，手捻朝珠，神情严肃地从抚署中缓缓走出，接见了以丘逢甲为首的绅民代表。他首先朝北京方向行三跪九叩首大礼，表示向朝廷谢罪，再转身面南而立，由绅民向他行六叩首礼。礼毕后再接过丘逢甲等恭献的"国旗""国玺"和"总统"印，就任"台湾民主国"总统之职，宣告"台湾民主国"正式成立。随后，炮台升黄虎旗，鸣十一响礼炮志贺，各国驻台洋商、兵舰也都鸣炮、升旗，以示庆贺。

"台湾民主国"的成立，对于台湾民众来说，是振奋人心的事情。据当时诗云："竞传唐俭是奇才，局面翻新自主裁。露布已令神鬼泣，玉书曾见凤麟来。"又有诗云："玉人镌印绶，戎仆制旗常。拥迎动郊野，宣耀照城闉。覆舟得援溺，黔首喜欲狂。"表现出台湾民众对成立"民主国"的激动喜悦心情，以及当时集众献印旗的盛况和兴高采烈的感人场面。

唐景崧就任"总统"后，宣布改年号为"永清"，寄寓台湾永远隶属于清朝之意，即台湾永远隶属于中国之意，鲜明地表达出台湾同胞眷恋祖国深厚感情。按照议定的安排，推举丘逢甲为副总统兼台湾义军统领，刘永福为大将军，改巡抚衙门为总统府，下设三个机构：改布政使司为内务衙门，以刑部主事俞明震为内务大臣，其关防文曰"台湾承宣布政总理内务衙门关防"；改筹防局为外务衙门，以前驻法参赞、副将陈季同为外务大臣，其关防文曰"台湾总理各国事务衙门关防"；改全台营务处为军务衙门，以礼部主事李秉瑞为军务大臣，其关防文曰"台湾军务衙门关防"。上述诸大臣对内不称"大臣"而称"督办"，所有应办事宜，即由该衙门悉心核议，呈请抚台核夺。其余地方民事，仍由道、府、厅、县照旧办理。抚台于外洋各国称"台湾民主国大总统"，而于本省文武属员仍照衔相称。

同时，还任命道员姚文栋为游说使，届时前往北京向清廷报告"台湾民主国"建立的情形和宗旨，以期取得清廷的谅解和支持。又设立上、下两议院，公推林维源为议长，而林坚辞不就。上、下议院计划推选议员八十四名（上院二十四名，下院六十名），由于事急，当场仅推选出拔贡陈云林、廪生洪文光、街董白其祥和许冀公等数人。

"台湾民主国"成立后，立即对外发布了一系列通电和文告，声明了台湾建国自立的经过、目的以及对清廷和列强的态度等。

一是5月25日当天以台湾绅民的名义给清廷发去了十六字电报：

台湾绅民，义不臣倭，愿为岛国，永戴圣清。

这份电报表明，"台湾民主国"仍然是大清的疆土，台湾绅民仍然是大清的百姓，成立"民主国"是抗日保台的不得已之举。

二是5月26日，唐景崧给清廷发去的奏电：

臣景崧钦遵开缺，应即起程进京陛见。惟臣先行，民断不容；各官亦无一保全。只合暂留此，先令各官陆续内渡，臣当相机自处。台民前望转机，未敢妄动。今已绝望，公议自立为民主之国，于五月初二日齐集衙署，捧送印旗前来；印文曰："台湾民主国总统之印"，旗为蓝地、黄虎，强臣暂留保民理事，臣坚辞不获。伏思日人不日到台，台民必拒。若炮台仍用龙旗开仗，恐为日人借口，牵涉中国。不得已，允暂视事，将旗发给各炮台暂换；印暂收存，专为交涉各国之用。一面布告各国，并商结外援。嗣后台湾总统均由民举，遵奉正朔，遥作屏藩。

奏电表明了"台湾民主国"是抗日保台的不得已之举，也希望能够得到清廷的谅解，并以此获得各国的公断援助。

　　三是5月26日，唐景崧以"台湾民主国总统"名义向全台发布的新文告，文告指出：

　　照得日本欺凌中国，大肆要求；此次马关议款，于赔偿兵费之外，复索台湾一岛，台民忠义，不肯俯首事仇，屡次恳求代奏免割，总统亦奏多次。而中国欲昭大信，未允改约，全台士民，不胜悲愤。当此无天可吁，无主可依，台民公议，自立为民主之国……惟是台湾疆土，荷大清经营缔造二百余年，今须自立为国，感念列圣旧恩，仍应恭奉正朔，遥作屏藩，气脉相通，无异中土。

　　文告表明台湾民众是在"无天可吁，无主可依"的情况下，尽管"自立为民主之国"，但是依然以大清为正朔，和大清内地无异。

　　四是以台湾绅民的名义，照会各国领事，对外发布宣言：

　　我台湾隶大清版图二百余年，近改行省，风会大开，俨然雄峙东南矣。乃上年日本肇衅，遂至失和……日本要索台湾，竟有割台之款，事出意外。闻信之日，绅民愤恨，哭声震天……无如势难挽回……呜呼惨矣……今已无天可吁，无人肯援，台民惟有自主，推拥贤者，权摄台政。事平之后，当再请命中国，作何办理。倘日本具有天良，不忍相强，台民亦愿顾全和局，与以利益。惟台湾土地政令非他人所能干预，设以干戈从事，台民惟集万众御之，愿人人战死而失台，决不愿拱手而让台……台民不幸至此，义愤之伦，谅必慨为伙助，泄敷天之恨，救孤岛之危。

此外，还布告海外各国：

如肯认台湾自立……均沾利益……如各国仗义公断，能以台湾归还中国，台民亦愿以台湾所有利益报之。

这份对外宣言表明了台湾民众是在"无天可吁，无人肯援"的情况下不得已作出的选择，"愿人人战死而失台，决不愿拱手而让台"的宣言表明了自主保台的坚定决心。但是，台湾民众希冀通过成立"民主国"以获得列强公断的愿望，在各列强利益纠葛十分复杂的情况下，依旧是一种幻想。

同时，"台湾民主国"唐景崧还给内地各省大吏发去通电，声明自己"不得已允暂主总统，由民公举，仍奉正朔，遥作屏藩，商结外援，以图善后"，也希望内地各省能"惟望悯而助之"。此外，"台湾民主国"还发行了《独虎图》邮票及官银票、股份票等。

可以说，"台湾民主国"的成立，是台湾人民以自立自主的形式反抗日本的殖民侵略，是维护国家主权和领土完整的爱国之举。但是，"台湾民主国"却被一些"台独"分子援引为"台独"渊源和根据，这实在是天大的笑话。

所谓"台湾民主国"的用意，完全是抵抗日本侵略的一时之策，它的理念和内涵与今天"台独"分子所提的完全相反。我们从"台湾民主国"由酝酿到成立的经过情形，及其成立后所确定的年号、国旗，设立的机构以及发布的一系列通电、文告可以看出，"台湾民主国"都是与大清密切相关的，其确立的官制与名称悉如大清，如唐景崧在此后奏报清廷及行文各省的公文，仍用开缺本衔及台湾巡抚关防，衙门及官员名称的更改，主要是迫于形势需要，并没有从根本上发生性质变化，台湾仍是祖国的领土。"台湾民主国"是台湾人民保卫台湾的一项外交设计和策略，是绝望之时自保的一种应急救亡措施。诚如唐景崧所说："今之自主为拒日计，免其向中国饶舌；如有机会，仍归中国。""台湾民主国"的核心不在"台湾国"三字，而在"民主"二字，"民主"也不是自由、平等、博爱等近代民主观念，而是"台民自主"的意思，是"以独立之名，行抗日之实"，最终目的恰恰是要维护台湾作为中国领土的地位，维护国家统一。可见，"台独"分子的说法是毫无事实根据的。

总之，"台湾民主国"是在日本侵略者即将武装侵台的危急形势下，在全台民众誓死反抗日本侵略者爱国斗争高潮的推动下，建立起来的一个自主抗日救亡组织，充分表现出以丘逢甲等为代表的台湾人民无比炽热的爱国爱乡精神和不甘臣服日本侵略者的坚强决心。上海《申报》当年曾载文说，"台湾民主国"的出现，"远足以震动天下，俾薄海内外闻之，知中国固大有人在"，高度赞扬了台湾人民反抗日本侵略的爱国主义精神。

抗日归败 泪别台湾

"台湾民主国"的成立，让以丘逢甲为代表的台湾民众看到了希望，极大地鼓舞了台湾民众自发保卫台湾进行抗日的士气和斗志，全台上下群情激昂，严阵以待，决心以自己的血肉之躯抵抗日寇的入侵和武装割占。这样，一场轰轰烈烈的、英勇悲壮的反割台战争，一场台湾历史上规模最大的战争爆发了，因为1895年为农历乙未年，所以这场反割台战争被称为乙未战争，或称乙未之役。

但是，被丘逢甲等全台绅民推举担任"台湾民主国"总统、被寄予厚望的唐景崧，却并不像大家所期待的那样力挽狂澜，带领全台军民抗战到底，他缺乏那样的气魄和能力，没有"与台湾共存亡"的决心。早在《马关条约》签订后，他除了将个人私财送走外，还提库银四十万两汇往上海，后来又汇银订购大批军火，但这些银两都是一去不知下落。"台湾民主国"成立之前的4月28日，他在给清廷的电奏中申明："臣虽知不可为，而届时为民挽留，不能自主，有死而已。""台湾民主国"成立当天，他又给清廷电奏表示："只合暂留此，先令各官陆续内渡，臣当相机自处……俟事稍定，臣能脱身，即奔赴宫门，席藁请罪。"其给各省大吏的通电也说："不得已允暂主总统……事起仓卒，迫不自由……能否持久，尚难预料。"直至5月27日，其还给清廷奏电表示："崧为民劫留，暂缓赴京陛见；连日以来，惶悚万状……一息尚存，未敢稍逾臣节。"种种迹象表明，唐景崧担任"台湾民主国"总统只是权宜之计，并没有坚定的抗日保台意志和决心，他一直在寻找机会脱身，时刻准备逃回内地。

果不其然，就在"台湾民主国"成立当天，唐景崧就令在台的文武官员限于5月27日以前自行选择去留，留者倍薪，去者听之，逾时始求去者以军法论处。本来，清廷在5月20日就下旨令所有文武大小官员陆续内渡，但大多数官员尚未成行。当唐景崧的内渡令一下，全台立即掀起了内渡狂潮，各级文武官员在内逃时不止携家带口，还将大量公产财物收入囊中，破坏了台湾的人心稳定和抗日大局。据统计，当时台湾的十八名府县官员，有十三名内渡，造成各级地方行政机构立即陷入半瘫痪状态，严重地影响了各地军民的抗敌情绪和备战工作的顺利进行。还好，"台湾民主国"立即任命了一批新的官员填补空缺，使得台湾抗日的行政管理体系能够得以继续维持。

但是，更为严重的事情是驻台守军的大量内渡。当时，福建水师提督杨岐珍所部五营、台湾镇总兵万国本所部四营都是比较完整、有较强战斗力的驻台部队，随后相继全部内渡。统兵官廖得胜、余致廷等人也先后率领部分营兵离台，在台的清军正规军除了刘永福所部完整外，其他驻军实力都大为受损，台湾防军大约只剩下三万三千人，力量更为薄弱，驻防出现了危机。如杨岐珍所部五营原本驻守在基隆东面的澳底（今新北市贡寮区境内），但他5月26日就率所部全部内渡，造成澳底的防守力量空虚，给日本攻台以可乘之机。

当时，全台没有海军协防，仅有海岸炮台十四座，因此拥有庞大攻台舰队的日军控制了台湾的制海权。驻台军队除了那些没有内渡的三万三千人之外，就只剩下丘逢甲等人创建的团练义军了。在驻防上，唐景崧守台北，张兆连守基隆一带，綦高会守沪尾一带，刘永福黑旗军守台南一带，袁锡中守埤南一带。驻守的步兵多用单、连发毛瑟枪及抬枪，炮队多用德制克式炮，炮台多用英制安式炮，其次为旧式前装炮，弹药库库存枪弹二百八十余万颗，火药四万余磅。由于装备有限，再加上唐景崧的刚愎自用，调度无方，指挥失当，使得全台的防守一片混乱，抵抗力量大大削弱。同时，清廷以"现在和约既定，而台民不服，据为岛国，自己无从过问"为由，命令东南沿海各省督抚"饬查各海口究竟有无私运军械勇丁之事，设法禁止，免滋口实"。这给台湾的反割台武装斗争带来了十分不利的影响，造成了极大的困难。

在"台湾民主国"成立之前，日本就已经开始准备武装攻占台湾了。5月21日，桦山资纪便探知台湾部分官民正在积极备战，心知和平接收已不可能，随即派常备舰队赴冲绳监视台湾情况。同时，指派北白川宫能久亲王率领驻于中国旅顺大连，本预计进攻北京的近卫军团南下台湾。5月24日，桦山资纪统领文武官员及宪兵队从京都出发，乘船前往台湾与清廷处理"交接台湾"事宜。5月27日，桦山资纪与北白川宫能久会合于冲绳中城湾，在听说"台湾民主国"成立的消息后，桦山资纪不顾国际惯例，决定不等跟李经方在6月2日办理完交割手续后再接管台湾，而是马上挥师南下，兵分两路先期对台湾采取军事行动，台湾人民的反割台斗争就此展开。

5月28日傍晚，桦山资纪率领文武官员、近卫师团约一万五千人及常备舰队十一艘在淡水海面集结。5月29日，日军首先发起进攻，遭到淡水守军的顽强反击。当日军发现基隆、淡水火炮先进，清军防守严密，登岸极为不利，而澳底防守空虚的情况后，桦山资纪当即决定"登澳底，攻基隆，占台北城"，日军避开台湾军民严密防守的基隆、淡水等重镇，先以一部分军舰佯攻基隆西南的金包里，伪造登陆迹象，而北白川宫能久则率领主攻部队近卫师团第二联队，突然向基隆东面三貂角附近的偏僻小渔村澳底一带发起进攻。澳底港深，可泊巨轮，却被唐景崧错误地认为是"荒僻之地"，因而不受重视。

这里原本有杨岐珍率精锐部队驻防，而杨率军内渡后，仅有曾照喜统带的两营土勇约一千人驻守。曾军两营皆系新募，"成军甫三日，遇敌不敢战"，双方才交火，曾军死了四人，即溃散向西越山而逃，日军轻而易举占领澳底，大部队开始在此登陆，随后直扑基隆。

澳底西北去基隆约五十里，沿途重峦叠嶂，山势险峻，只有一条羊肠小道可通，天险三貂岭为必经之路。这里原有徐邦德率领一营军队驻守，但听说澳底陷落后，立即也溃逃了。唐景崧得知澳底陷落后，命吴国华率所部粤勇七百人前往此地扼守，吴却延至5月30日才率四百人出发。唐复令营官包干臣等随后增援，但包干臣素来畏敌喜功，"逢甲知之稔，阻景崧不可用，景崧不听"。

5月30日黎明，日军立即向三貂岭进发，一路如入无人之境，没有遇到任何阻击，在6月1日不战而占领三貂岭。翌日一大早，又马上向基隆后路要地瑞芳发起进攻。而到此时，吴国华才率领防守部队，慢悠悠地往三貂岭行进。两军相遇，日军凭借居高临下的优势，对吴军发起猛烈攻击，但是吴军也不退缩，奋力冲杀，日军颇有伤亡。而此时包干臣率三百人前来助战，因见路旁敌尸，遂想趁机邀功，吴国华得知后大怒，两支防守的部队在阵前即发生火并，随后竟然置敌军不顾，相继退去。尤其是无耻的包干臣，"竟以大捷斩首无算，赴省城献功"。

6月1日，俞明震亲自率兵前往助战。提督张兆连、陈得胜等率领清军与日寇在瑞芳激战数日。清军或"隐于村落的土墙后"，或"潜于茂密树林之间，巧妙地利用地物猛烈射击"。据日方记载："敌人的抵抗意外顽强，或仅仅以数十名前来逆袭，或单独潜伏房屋竹丛中，待我通过后加以狙击……我方死伤较多。"在激战中，清军死伤亦不少，陈得胜不幸阵亡，张兆连身负重伤，俞明震亦被击伤，被部下抬至狮球岭，余军不支只得败退，日军遂占领瑞芳，逼近基隆。

就在台湾人民抗击日寇武装侵略的时候，6月1日，"割台专使"李经方，在马建忠、科士达等人的陪同下，乘坐悬挂德国国旗的"公义号"轮船，在日本军舰的护卫下到达台湾基隆口外海面上，由于其父子为台湾人民切齿痛恨，他害怕台湾人民反抗，将其置于死地，因此不敢踏上台湾土地半步。此日，李经方与桦山资纪在日舰"西京丸"上签署中日《交接台湾文据》，交接清单如下：

一、台湾全岛澎湖列岛之各海口及各府县所有堡垒、军器、工厂及属公对象；

二、台湾至福建海线应如何办理之处，俟两国政府随后商定。

就这样，台湾、澎湖列岛等三万六千平方公里的神圣领土，四百万爱国爱乡的骨肉同胞从此陷于日本侵略者的铁蹄之下长达五十年，直到1945年日本宣布无条件投降。之后，日本侵略者获得了占领台湾的"法律依据"，开始更疯狂的进攻。而英勇的台湾人民，全面开始了轰轰烈烈的反割台斗争。

6月3日，日本陆海军同时向基隆要塞发起总攻。驻守部队奋力抵抗，激战四小时，终因力量悬殊而败退，基隆失陷。当天下午，日军随即进逼台北北面的天险狮球岭，台北全面告急。

狮球岭地处基隆、台北间，扼基隆去台北通路，是防守台北的关键，而处狮球岭之后的八堵也是一个重要关隘。本来狮球岭由台湾绅士、抗法名将林朝栋率所部"栋"字十营土勇驻扎。中法战争期间，林率部在此阻击法军，使法军未能进攻台北。林及其所部都为台湾人，保卫家乡观念强烈，"且训练有法，颇负时望"。只是早前因林部与唐景崧的亲信张兆连不和，唐景崧听信谗言，将林部调往台中，使狮球岭防守力量大大削弱。基隆陷落后，俞明震急返台北，力求唐景崧亲往狮球岭之后的军事险要八堵督师，死守狮球岭。可是，自诩"儒将"的唐景崧早已没有了进取精神，不敢前往，只派出中军副将黄义德率部驻守八堵。被逼无奈之下，唐景崧只好接受台北十余位士绅等"以守为战，事犹可为"的建议，急电远在台中的林朝栋"拔对援台北"，但此时已是远水不救近火。

6月4日，日军趁大雨偷袭狮球岭，攻势凶猛，驻守的粤勇阵势大乱，甚至与从基隆退守到此的义勇自相残杀，不敌弃岭而逃，狮球岭失守。而颇受唐景崧宠信的黄义德，也是个无能鼠辈，其到八堵后，尚未与日军接仗，便匆匆率军返回台北，结果日军不费一枪一弹，便占据了八堵，通往台北的门户被完全打开。

返回台北的黄义德谎称"狮球岭已失，大雨不能扎营，且敌悬六十万金购总统头，故乘火车急驰回城，防内乱"。仍在台北的丘逢甲火得知后，火冒三丈，当面怒斥黄义德贪生怕死，唐景崧心知黄畏敌欺罔，却"莫敢诘其实"。就在当天，黄义德以索饷为名率部闹市，致使台北秩序大乱。"逢甲请斩义德以谢台民，并严惩一二乱兵为首者，以厉其余，景崧不敢从。"此时，丘逢甲终于明白了唐景崧实乃无能之辈，对其失去信心，自叹道："祸患之来，迫于眉睫，尚不能整饬军纪，徒畏葸游移，坐令其哗变，天下事尚可为乎！"不再对唐抱有幻想的他，立即从台北赶回南崁，部署义军，准备迎战。

丘逢甲走后，俞明震考虑到台北外围险要尽失，无法固守，力劝唐景崧退守新竹，与林朝栋、刘永福等军联合，以图再举，但唐景崧没有采纳。6月4日晚，基隆、狮球岭失守后的溃兵涌入台北。听说日军将至，城中大乱，难民四处逃散，城内的散兵、乱民群起抢劫。自基隆退回的李文奎佯装请唐景崧出战，率部冲进巡抚衙门抢劫，并纵火焚房。犹如惊弓之鸟的唐景崧见情况不妙，慌忙化装，带几名随从自后门溜出，混在难民群中连夜逃到淡水，匿于德国洋行中，随后于6月6日乘坐德国轮船"鸭打号"内渡厦门。而俞明震也无奈在6月4日内渡。林朝栋则在前往台北途中,听闻台北失陷,唐景崧也已内渡,便率部返回台中。后不久,亦遣散部众,内渡漳州。从唐景崧担任"总统"到内渡,仅仅十天时间。他的逃跑,引发了更大的内渡潮,极大地影响了台湾人民抗日保台的信心和局面。还在南崁率义军巡防的丘逢甲,得知"恩师"唐景崧内渡逃跑后,悲痛欲绝,大哭不止,咬牙切齿地痛斥其说:"吾台其去矣!误我台民,一至此极!景崧之肉其足食乎!"

日军攻下狮球岭后,由于听说台北有防兵万人,又由于日军占领基隆后,有两名清军士兵引爆火药库,当场炸死炸伤日军二百余人,所以日军不敢贸然进犯台北。但是在这个时候,汉奸们开始投敌了。台北的一些士绅如李秉钧、吴联元之流,竟然商议公呈让日军尽快进城维持秩序,有一个名叫辜显荣的杂货商人自告奋勇去基隆报告。同时,台北的混乱局面,让当地的外国人也十分害怕,美国《纽约先驱报》记者德威伯逊等也赶往基隆,请日军从速开赴台北。日军未敢轻信。但随后日军突然接到台北一个洋电话员的来电,说:"台北非常混乱……台北之道路已向贵军队全部开放,未留一兵一卒。在本府之文武官亦皆已逃走。"又称:"深盼总督阁下迅急来此。"日军还是怕中埋伏,便派出骑兵到台北侦察。确认消息后,6月7日,日军大部队人马在没有死伤一人的情况下,顺利占领台北。此时,驻守台北后路的总兵余清胜不仅没有抵抗,反而主动致书日军头目称："体我皇上媾信修和睦之至意，何敢抗违，亦不敢有观望。"并表示要"听命行之，"随后率所部五营人马无耻投敌。

日军从5月29日澳底登陆，到6月7日占领台北，仅用了九天的时间，比预定计划提前了二十天，如此的顺利，让日军都感到意外。但是，日军能如此顺利地占领基隆、台北，并非由于日军的英勇善战，而在很大程度是由于唐景崧的刚愎自用、软弱无能、错误决策，不能知人善任，团结各军将士。在关键时刻，又不肯采用俞明震、丘逢甲等人的正确主张，有险不守、坐失战机、军纪荡然、不战自乱，大大挫伤了台北乃至全台的军心、民心，险要得不到有效防守，军队战斗力得不到有效发挥，无法有效阻挡日军的进攻。台北沦陷后，大量的军备物资落入敌手，溃兵游勇四处淫掠，更增添了台中、台南地区抗击日本侵略军的困难。

日军占领台北后，立即乘胜沿铁路南犯新竹县。由于驻守台北后路的余清胜率部投敌，附近只剩下丘逢甲率领的一支义军在南崁驻守了。尽管势孤力单，但他还是毅然率义军"伏于途而击之，顾日军势张甚"。由于众寡难敌，势不能支，再加上日军占领台北后，认为"台湾民主国"是丘逢甲所首倡，于是"嫉之甚，严索之"。在危急的情势之下，丘逢甲不得不率军退往台中武峦山一带，并在大埔厝柏庄设立义军司令部，继续筹划南北义军抗战事宜，同时协调指挥丘国霖、姜绍祖、吴汤兴、徐骧等各路义军，联合设防作战。

新竹县本没有防营驻守，台北陷落前，林朝栋部属傅德升、谢天德率部自彰化北上，准备支援台北。到达新竹后，知县王国瑞令二人驻守新竹。台北沦陷后，丘逢甲义军主要将领之一吴汤兴、诚字正前营丘国霖以及姜绍祖、徐骧、吴镇洸等也率义勇齐集新竹，希望北上收复台北。同时，前台湾镇总兵吴光亮一营及提督首茂林、傅宏禧二营也来到新竹。众人推吴汤兴为首。吴随后邀集新竹、苗栗二县绅民，"不期而会者万人，遍山漫野"。6月11日，吴汤兴集众列营，祭旗誓师，"设大鼓一面，筑三丈高架挂之，旗帜整齐，立约法数章，有事则击鼓，各庄闻鼓音即齐集公所，并约众接济粮食费用"。吴汤兴望北而誓曰："是吾等效命之秋也！"众皆感奋，愿誓死抗敌。随后，吴汤兴发布告示，揭露敌人罪行，表示抗敌决心，并申明纪律，号召人民投入抗日斗争。由于吴汤兴所统义军皆来自新竹、苗栗二县，故称"新苗军"。民众被广泛地组织起来，台湾人民武装抗日保台斗争开始了新的局面。

新苗军北上时，得知日军已经南侵，遂屯驻在离新竹城北二十五华里的大湖口（今湖口）。当时，日军分东西两路齐头并进。吴汤兴探知后，也将新苗军分成两路迎战：一路由徐骧统领，迎击东路日军；一路由自己统领，抗击西路来敌。6月13日，徐骧率领东路义军进至龙潭坡时与日军相遇，展开激战。当地三角涌、三峡庄民众也配合义军四面攻击，日军损失六十余人，大败而逃。次日，吴汤兴所率领的西路义军也在杨梅坜与日军的侦探队相遇，双方激战一个多小时，日军败退，三十名运送弹药的日军，只剩两名逃回。6月17日，吴军与日军主力在大湖口激战，吴军预伏于大道两旁，"西路日军适至，相遇，各开炮火。日军恃众，唯发排枪，弹如雨下，鲜命中。吴军多山民，善狙击，弹无虚发，日军仆者相续，遂大败退"。日军伤亡惨重，被义军击毙数十人，后急调炮兵增援，用猛烈炮火轰击大湖口，义军才被迫后撤。据日方战史记载："大湖口之战中，义军所表现的英勇无畏精神，与台北方面官军之混乱溃败情状，有云泥之别。"

新苗军的战绩，极大地鼓舞了台中各县群众的抗日士气，一些地方官吏也开始筹备战守，台湾、彰化、云林、苗栗等县官绅筹集款项，招募土客勇七千人，编成"新楚军"十四营，开赴前线与新苗军配合作战，并准拨苗栗县钱粮为义军粮饷，发给军装，台中义军士气大振。

此时，新竹知县王国瑞、提督首茂林却在日军的猛烈进攻面前害怕了，两人率部弃城内渡。6月23日，日军不战而占领新竹县城。只不过，尽管日军占领了新竹县城，但日军人数才一千多人，城外依然在义军的掌握之中，新苗军和新楚军将新竹城层层包围，新竹日军失去了与台北日军主力的联络。起初，桦山资纪和北白川宫能久认为义军不过是乌合之众，不难一举荡平。特别是占领新竹后，他们更"以为台湾不过手掌大小之地，以一旅之众即可一举歼灭"。然而他们很快发现，日军不仅难以进兵新竹以南，而且连新竹以北的局面也难以掌控。6月24日，三百多名义军从东、西、南三面包围了日军设在中坜的兵站部，对日军发动猛烈进攻，持续战斗五个多小时，最后因夜幕降临，义军停止了进攻。6月25日，义军伏击了日军从台北派往新竹的一支护粮队，日军伤亡十数人。同一日，义军发起第一次反攻新竹的战斗，义军五六百人"扛旗敲鼓，猛烈射击"，向新竹城逼近，日军开炮应战，战斗持续五个小时，义军最后败退。义军的几次进攻，虽然没有取得很大的战果，但是让日军入侵步履艰难。桦山资纪因此也决定集中兵力加紧镇压台北、新竹一带的抗日义军。

7月10日凌晨，新苗军和新楚军第二次进攻新竹，按预定计划分东、西、南三路同时攻城。但因情报泄露，日军早有准备，各军在敌人的优势炮火轰击下，难以接近城门。义军准备从东南路进军，不料日军已先占据城东两华里的十八尖山，双方为此展开了激烈的争夺战，"日军凭山发枪，我军先后奋迅争上，夺其山，自山上发抬枪，弹丸及城中。日军则发大炮，我军伏避炮，十八尖山复为日军据。我军或从山后东径击其腰，日军复退下山。一上一下，如是者数次"。激烈的战斗一直持续到晚间八时，新苗军和新楚军因伤亡惨重且弹药告罄，无法再战，被迫撤退而失败。后来，义军又发起了第三次进攻，但因日军火力太猛，义军伤亡惨重，不得不退出战斗。几次失败之后，义军也开始向南撤退。

丘逢甲在台中率所部义军对南侵的日军进行了英勇抵抗，迫使日军司令部放弃了原定在安平登陆、南北夹击的计划，转而集中优势兵力由北至南进行陆路攻掠。沿途各地义军如大嵙崁的江国辉、三角涌的苏力、龙潭坡的黄娘盛等，各率部袭击南侵日军，以土铳、长枪、大刀为武器，利用熟悉的地形，出没无常，打得日军晕头转向，胆战心惊。在大嵙崁，日军坊城支队八百九十余人被围六日，弹尽粮绝，伤亡惨重；在三角涌，山本骑兵小队二十二人除三名逃生外，其余全部被歼。日军惊呼："扫荡者反被扫荡！""台北、新竹间，人民就是士兵，其数不得而知，破坏铁路，割断电线，皆他们所为，见我兵寡则来袭，见我兵众则远遁入森林中。""不论何时，只要我军一打败，附近村民便立刻变成我们的敌人。每个人，甚至年轻妇女都拿起武器来，一面呼喊着，一面投入战斗。我们的对手非常顽强，一点也不怕死。"北白川宫能久曾在日军的《训令》中写道：

北部台湾的中国残兵，虽已完全扫荡净尽，但从台北至新竹的铁路线南方，大姑陷（即大嵙崁）河西岸一带，尚充满着不服我皇化的敌兵。他们对我优势的军队即以所谓"箪食壶浆出迎"，巧装良民；对小部队即予奇袭……因为，大姑陷附近的土民，属于台湾岛中最狞恶的客家种族，殊非平常手段所能济事。

从上说明，丘逢甲所部台中各路义军的顽强阻击，粉碎了侵台日军迅速南进的狂妄计划，也为刘永福率领黑旗军固守台南赢得了一段极其珍贵的准备时间。由于日军损失惨重，进展迟缓，迫使他们不得不一再向国内求援。7月中旬以后，日本派出两万大军增援台湾，台湾战场上的军事形势才发生根本转变。此后，侵台日军依仗优势兵力和精良武器，转守为攻，大举反扑。各路义军虽顽强抵抗，但由于饷械奇缺，孤军奋战，最终被迫走向失败。丘逢甲在内渡之后，1898年4月29日在《致菽园》的信中回忆起这段史实时说道：

方事之殷也，唐北刘南，民部守中，则敝统也。时则王灵已去，人心大动，抚内未定，而敌已北来。唐督战，不全负也，饷械本绌，而均屯北；已而淮部首变，北军乃溃，饷械一空，而敌遂据北矣。中部驰援，半道遇敌。旬月之战，虽不大挫，而终莫支，则军火缺也。……

丘逢甲所部义军在近一个月的时间中，面对南侵的日军，"极力抵抗，血战二十余昼夜，卒以饷绝弹尽，死伤过重，不支"而退，各部星散，柏庄司令部亦被日军纵火焚毁。这时，丘逢甲的旧友、营务处帮办吕汝玉（吕炳南长子）叛变投敌，并散布丘逢甲"挟十万饷银潜逃"的流言，以图掩饰其降敌劣迹。谣言传开后，所部军心涣散，号令不行。加上日军"嫉之甚，严索之"，丘逢甲"知事已不可为"，无奈带领少数亲信躲藏于"深箐穷谷间"，与日寇相周旋。他设想去台南与刘永福会合，以图再举，但"道中梗，不能行。而台北已陷诸城邑，闻台南义声，咸跃跃思奋，仓海（丘逢甲）复与之约，定期起兵图恢复，为日军所侦知，防备周密，无隙可乘"。既而丘逢甲欲率众入山死守，与台共存亡，随从皆泣阻，"以为徒死何益？"这时，诚字营统领、好友谢道隆力劝说："台虽亡，能强祖国则可复土雪耻，不如内渡也。"丘逢甲思索良久，仰天叹曰："死，易事也，吾将效曹沫复鲁仇焉！"于是决定内渡。

于是，丘逢甲通知各地义军自由抗战或内渡，"不限部勒"。随后，他奉父母及谢道隆等一行约三四十人装扮成婚嫁队伍，且走且藏往海岸边行进。7月26日，丘逢甲一家搭乘"源发"商号提供的木帆船，从台中涂葛堀港启航离台内渡。此时，距唐景崧6月6日内渡已近两个月，距其倡导的"台湾民主国"也仅仅只有两个多月。

临行之际，丘逢甲想到家乡即将沦为异域，乡亲父老同胞正惨遭日寇铁蹄的践踏和杀戮，悲痛欲绝，禁不住潸然泪下，于是自命"海东遗民"，满怀积愤挥笔写下了著名的《离台诗》六首，抒发了对李鸿章割台卖国的强烈不满和收复失地、雪耻无望的悲愤心情，表达出对家乡父老的眷念和渴求台湾回归祖国的强烈愿望。其中两首这样写道：

宰相有权能割地，孤臣无力可回天！
扁舟去作鸱夷子，回首河山意黯然。

卷土重来未可知，江山亦要伟人持。
成名竖子知多少，海上谁来建义旗？

就这样，一介书生丘逢甲，带着满腔的悲愤和无奈，随着内渡的帆船渐行渐远，似乎渐渐远离了硝烟弥漫的家乡台湾，但是他那颗爱国爱乡的赤子之心没有离去，永远留在台湾，时刻和四百万陷于日本侵略者铁蹄之下的骨肉同胞的心一起跳动，时刻与日本侵略者的殖民统治作坚定斗争。

第三章　教育强国

返粤故里　讲学潮州

1895年8月初，经过数日的海上颠簸，丘逢甲一行平安抵达福建泉州。由于为抗日保台之事连续忧心操劳数月，丘逢甲早已身心疲惫，再加上积愤满怀，无处排遣，到达泉州后触景生情，气急攻心，竟一连几日多次口吐鲜血，以致卧床不起，不得不滞留泉州，请医生调治。

约半月以后，丘逢甲病情渐愈。此时三弟树甲、四弟瑞甲及家小也从台湾抵达泉州。随后，全家离开泉州，乘船经厦门转汕头返粤。在汕头，一些内渡的义军部属也跟随到来，大家相见，不觉悲喜交加，潸然泪下。旋即他们一行近百人乘船离开汕头，抵达潮州，踏上了祖居地的土地。

丘逢甲在台创建义军、倡导自主抗日的义举，早已闻名海内。因此，丘逢甲一抵潮州，就受到粤东父老的热烈欢迎。潮州的一些士绅商人，都忙着给丘逢甲置业安家。但丘逢甲的父亲婉言谢绝了大家的好意，命丘逢甲暂寓镇平会馆休养，自己则携家小先回镇平祖籍。

丘逢甲在潮州暂住的时候，见到了阔别多年的同年好友温仲和。两人1889年春在京城会试时相识并建立起真挚的友谊，一同考上进士。之后，丘逢甲弃职返台教读，温仲和则先在翰林院供职，后也去职返粤，在潮州金山书院担任主讲。七年来，两人天各一方，历经世事沧桑，如今在潮州重逢，格外高兴，共卧长谈。8月下旬，丘逢甲作别温仲和，乘船离开潮州，在9月上旬回到了祖籍镇平印山村。

印山村居民大多是丘逢甲的同宗亲属。当年，丘逢甲的曾祖丘仕俊就是从这里东迁台湾的。光阴流逝，不觉已历四代、时隔百年，丘仕俊当年留下的几间老屋，早已"半废为圃芜不治，故钉遗瓦存者仅"了，因此丘元宝携家小到达时，暂借邻村同宗房舍挤住。待丘逢甲与部属到来，人口骤然增加，更是不够用。丘逢甲只得带着妻室儿女和部分随从寄寓在镇平县城东的东山村。

只是借屋居住终非长久之计，丘逢甲和父亲、兄弟商量后，决定另择新址建房定居。同宗父老建议他们到离印山村以西六七里外庐山脚下一个名叫"探地村"的地方建房安居。探地村为一个山间小盆地，常年山清水秀、鸟语花香，村中聚居着丘、刘、陈、郭等姓约二十多户人家，民风淳朴，恍若世外

丘逢甲故居

丘逢甲故居内景

桃源。据传,丘逢甲的先祖丘文兴(创兆)曾率领勤王之师从探地村经过。丘逢甲觉得是个好地方,于是在当年冬天买下了村中一片荒弃的宅地。1896年春,在乡亲的热心帮助下,丘逢甲开始营造新居,同年夏草创。随后,举家迁入新居。由于丘逢甲觉得"探地"村名没有深意,遂谐音改村名为"淡定",寓意淡泊明志、力求心定。

新居落成后,丘逢甲取名为"培远堂",并自书门联云:"培栽后进,远继先芬",正堂上厅取名为"心泰平草庐",南厢房署名为"念台精舍",北厢书房署名"岭云海日楼",以"蛰庵"、"潜斋"分署丘氏父子会客的小客厅。丘逢甲给新居的署名,表达了他始终念念不忘被日本侵占的台湾故土,内渡祖国大陆只是暂时的蛰伏,只是为了淡定心志、潜心修行,以培育人才,最终实现强国雪耻、收复台湾的夙愿。他常常告诫子侄们说:"台湾同胞四百万,尚奴于倭,吾家兄弟子侄当永念仇耻,勿忘恢复。"甚至在后来,他将儿子丘琮的名字改为丘念台,告诫他不要忘记台湾,一定要继承他的志向光复台湾,回归祖国。

但是,内渡之初的丘逢甲,心境却是非常愁苦的。部属及家小近百口,用费浩繁,买山造屋又耗费不少,余资所剩无几,日常生活来源成为令他头疼的问题。而吕汝玉捏造的"卷饷潜逃"的流言传到镇平后,一时间也是风言风语,甚至有人诬告他守台抗日是"违旨作乱",应予"严拿惩办",让他无法平静面对。1895年底，他又获悉义军将领吴汤兴、徐骧、姜绍祖、丘国霖等人已在台壮烈殉国，悲痛不已，便给湖广总督张之洞写信，恳请他奏请清廷予以抚恤表彰，却不被张采纳。面对种种不顺和愁苦，他并没有忘记国恨未雪、家仇未报、壮志未酬的巨大悲痛，始终不曾忘记自幼立下的报国效时的大志，怀着对故乡台湾真挚而深厚的感情，虽然远离台湾瞬息万变的抗日烽火战场，仍然时刻挂念台湾骨肉同胞的抗日斗争。在他的不少诗篇中，抒发了去国怀乡的深深幽思，仍然充满着对割让台湾的愤懑：

往事何堪说，征衫血泪斑。

龙归天外雨，鳌没海中山。

银烛鏖诗罢，牙旗校猎还。

不知成异域，夜夜梦台湾。

——《往事》

尤其是1896年4月17日，写的那首《春愁》，道出了无尽的愁苦和愤懑：

春愁难遣强看山，往事惊心泪欲潸。

四百万人同一哭，去年今日割台湾。

而在《送颂臣之台湾》中，表达了自己时刻不忘"复土雪耻"的豪迈壮志和坚定决心：

> 亲友如相问，吾庐榜念台。
>
> 全输非定局，已溺有燃灰。
>
> 弃地原非策，呼天傥见哀。
>
> 十年如未死，卷土定重来。

丘逢甲在落居淡定村以后，便前往广州等地，探访亲朋故旧，寻求更多人的理解与支持。当他在广州拜访广东巡抚许仙屏时，他的抗日保台义举得到了许仙屏的敬佩和同情。许仙屏驳斥了镇平劣绅联名控告丘逢甲"违旨作乱"，要求官府"严办"的诉状，并联名刑部侍郎廖寿恒上奏清廷，陈述了丘逢甲抗日保台的义举，请求朝廷予以褒扬录用。但是不久，朝廷"谕旨"却令丘逢甲"归籍海阳"（即潮州）。尽管丘逢甲不愿做官，但对朝廷一直耿耿于怀于他的抗日保台之举感到很气愤，进取心也倍受打击，"雄心消尽闲情在，四目无家独卖文"。但是，他也只能无奈地接受这个现实。于是在1896年冬天，他遵照朝廷的旨意，辞别双亲，带着妻室儿女，来到潮州，租赁了一座宅院住了下来。

潮州濒临南海，是当时广东繁华的商埠之一，经济文化较为发达，素有"海滨邹鲁"之称。远在唐代的时候，被称为

"唐宋八大家"之一的韩愈曾到此任官,虽然时长仅八个月,但是他关心民生、开启民智,推动了潮汕地区的发展,为潮汕人民世代称颂。潮州的韩江、韩山以及韩文公祠,就是后人纪念他功德的例证。

刚到潮州,丘逢甲赋闲在家,无事可做。而在金山书院担任主讲的温仲和来此探望得知情况后,于是推荐他去潮州韩山书院执教,经潮州知府李士彬亲自出面,丘逢甲被延聘到韩山书院担任主讲。

本来,丘逢甲的夙愿就是从事教育,培植青年,而且他在甲午战争前一直在台从事桑梓教育,且颇有建树,只是后来在台湾危难之际,肩负起自主保台的重任而不得不中断执教生涯。在历经乡土沦丧的生死洗礼之后,丘逢甲愈加认为兴办教育、开启民智、培育英才,是实现他护国安邦、报国效时、复土雪耻愿望的根本途径。如丘逢甲在总结甲午中日战争失败,"台湾民主国"失败以及抗日保台运动失败的原因时,指出皆与教育事业欠发达密切相关。其子丘念台回忆,丘逢甲曾对他说:

台湾自刘铭传任巡抚,铁路、电线等新政,渐次兴举,故士绅思想较新。民主国自筹备而成立,而败亡,虽为时不久,然宪法、议院、邮政、币制均具。其政制有足多者,惜人民仍乏教育,不知国族关系。当时民主国迭申大义请援于闽粤商民、沿海督抚,迄无应者,即岛中绅民,闻朝旨已许割让,倭军又海陆并陷，亦渐多不愿输饷械不愿作牺牲者。使当时民智已如光（绪）、宣（统）之际，则倭之吞台，宁能如是之易？

正是这种切肤之痛和深刻教训，丘逢甲欣然接受了李士彬的聘请，来到韩山书院任教，又开始了他"锐意于兴学启民智"执教历程，这也是丘逢甲爱国爱乡思想和报国效时志向的继续实践。

甲午战争之后，资产阶级维新运动在我国广泛开展起来，但是由于潮州远离广州等维新运动活跃的大城市，专制守旧势力仍然把持着社会生活的方方面面。韩山书院是当时潮、嘉、惠三州的最高学府，学生多是世家子弟，而执教的老师多为守旧势力。书院里授课的内容依然是以往的老八股和老教条，学生也只是一心猎取功名、埋头科举考试，全然没有国家民族前途命运的使命感和危机感，这让丘逢甲尤为担心。于是他依照自己在台湾讲学时的经验，大胆对教学内容进行改革，注重讲授时务策论、西方新学新思潮等有用之学，努力向青年学生灌输维新思潮。丘逢甲本身博学多才、功底深厚，又学贯中西，同时在亲历抗日保台斗争的生死洗礼之后，有着丰富的人生阅历和深邃见解，因而讲学深入浅出，切中时弊，见解独到，让人耳目一新，让听者受到很多教益和启迪。执教不久，就深受青年学生的爱戴，"一时仰之如泰山、北斗"。

但是，丘逢甲在教学上进行的维新改革，被顽固守旧势力视为异端，书院的当权者和社会上的守旧势力便勾结起来，攻击诬蔑丘逢甲所讲是"异端邪说"、"离经叛道"之学，进而串通一气，不断向李士彬告状，企图强迫丘逢甲放弃自己的主张和做法。丘逢甲断然拒绝，于1897年冬天愤而辞去韩山书院的教职。

在此执教的过程中，丘逢甲曾作诗不少，表达他当时渴望培育人才、拯救时难的心境和愿望，如："郁郁贞蕤夜拂霜，十年预计比人长。要从韩木凋零后，留取清荫覆讲堂。"也反映出他对自己的教学改革将要受到顽固守旧势力反对的预感，如："出林鳞鬣尚参差，已觉干霄势崛奇。只恐庭阶留不得，万山风雨化龙时。"辞去韩山书院教职后，他曾作诗道："一帘秋色顿萧疏，如为餐英《赋卜居》。鱼市人家斜照里，凤城花事晚寒秋。群阴蒙复容高傲，百卉凋零等扫除。莫怪闭门今不出，幽香深处读奇书。"表达出他对顽固守旧势力的蔑视，对自己卓然不群的气节和教学理念的坚守。此时，丘逢甲取号"仲阏"，一则指他排行第二，二则借此隐喻"人事多所阻阏，未能萌甲而出"的心境。

次年春，丘逢甲被聘到潮阳东山书院担任主讲。尽管他在韩山书院任教时，被当地顽固守旧势力视为异端，遭到诽谤和排挤，但他到潮阳东山书院后，依然铁骨铮铮，"仍未变其讲学立教之旨"，依旧讲授维新救国思想和务实之学，受到青年学生的欢迎，顽固守旧势力一时也无可奈何。

总之，丘逢甲在内渡之初的几年中，继续执教书院，进行他教育救国的探索和实践，虽然受到诸多的阻挠，但是他仍旧坚持自己的信念。面对帝国主义掀起瓜分中国的狂潮，维新运动的兴起以及被迅速镇压，他对民族的危亡局势更加担忧，对清廷的腐败政治愈发不满，希望清廷能改革弊政、自强救亡，也让他更加关注教育、关注新学，以此开启民智，进而实现人才强国、雪耻复土的迫切愿望。

创办新学 育才强国

1899年春夏之际，丘逢甲继续在潮阳东山书院任教，同时受聘兼任澄海景韩书院主讲。

这一年，从台湾内渡归来的许南英、陈省三、王松等人以及一些义军故旧，相继与丘逢甲取得了联系，同时包括广东巡抚许仙屏在内的一些名流，都好言相劝丘逢甲出仕，但丘逢甲婉言谢绝了。他说："才人从古不宜官，置汝髯参短薄间"，"一官便具奴才性，谁是英雄出此圈"？他认为自己办学从教，开启民智更具现实意义。

戊戌变法失败后，清廷恢复科举制，顽固守旧势力更加猖獗，新学受到了严重的打击。但是，丘逢甲毫不畏缩，一方面公开抨击八股取士断不能"解国忧"，"书院旧制，新知识灌输有所未尽"，认为欲强中国，"非开民智、育人才"不可，呼吁废除八股。另一方面他于1899年冬天辞掉了东山、景韩两书院的教职，尝试在潮汕地区独立创办新式学堂，以便更快地开民智、育人才。"岭东同文学堂"便是在这种情形下创办起来的。

在此之前，日本为拉拢中国与之抗衡英、俄等国，大肆宣扬所谓"同文同种""中日亲善，共御强俄"的舆论，并在日本国内成立了一个名为"东亚同文会"的团体，旨在"保全东亚时局"，"启发民智养成人才"。该会不乏貌似亲善的侵略分子，表面宣扬"中日亲善"，实则包藏祸心，想以此并吞中国。但也有一些同情和支持中国进步的友好人士，他们希望中国能效法日本，革除弊政、变法自强，于是派人协助中国维新派在各地开办"东文学堂"。

此时，广东澄海人、维新人士杨守愚决意在潮州创办"东文学堂"，其深知丘逢甲为"血性男子，又复深通中西文学，兼谙潮、嘉之语，届时欲聘为中文教习"，并想请丘逢甲、温仲和两人合力倡办。但杨守愚担心其对日本割台之事不肯答应，便托丘逢甲的好友梁居实说情。梁居实一连写了两封信，极力劝说丘逢甲赞成此事并出面主持。梁在信中说："国者积人而成者也，人不亡则国不亡。人何以能不亡？智而已矣。民智开，则人才出，则国虽亡终不亡……欲开民智、造人才，即设报、兴学、译书而已。""近年北京、粤东同文馆皆添设东文一门……东文则年长者亦可学……不过一两年而可通。又况西书之要旨，大抵皆经东人译出，是东文者，实借以通西文之快捷方式也……种不灭则国不灭，国不灭则教不灭；特不可不急为智种强种之计耳。种智则强，强则不灭。欲求智种，今之学堂其首务矣。"梁居实的来信，让丘逢甲很受启发。同时，由于自己最近几年在书院中备受守旧势力的排挤，因此意识到要想用西方新法教化青年，推广新式教育，必须要有自己的阵地。于是接受了他的建议，毅然辞去书院的教职，在杨守愚等人的大力支持下，与三弟树甲开始谋划创办新式学堂——"岭东同文学堂"。

为了使"岭东同文学堂"早日创办成功，丘逢甲倾注了自己的全部心血，从筹措经费、聘请教师、制定章程到选择校址、购置器物、布置校舍等，他都"一一亲自为力"。当地顽固守旧势力得知后，极力阻挠破坏，但丘逢甲毫不退缩，坚持斗争。

1900年3月间，正当丘逢甲为筹办"岭东同文学堂"四处奔波之际，其受粤省当局的委派，前往南洋调查侨情，联络侨民。临行前，丘逢甲委托温仲和等人替他继续主持"岭东同文学堂"筹办事宜，并嘱其先行"招生开讲"。他也期望能够利用南洋之行，为筹办学堂募集一笔办学经费。

6月中旬，当他满怀欣喜，带着募集到的近十万元办学经费回到汕头时，却听到了自己两个孩子夭折的巨大噩耗。原来他走后不久，潮汕一带突发鼠疫，病情肆掠，猝不及防。他的两个孩子——长子丘琰（养子）、四子丘球，都不幸染上了这种病，因为得不到有效医治，没几天就被病魔夺去了幼小的生命。当他听到这个消息时，哀痛不已。更让他悲痛的是，年仅二十八岁的三弟树甲自汕头返回淡定村后，也因此染病而去世。家中连遭不幸，让丘逢甲痛不欲生，筹办"岭东同文学堂"之事也一时顾不上打理。

丘逢甲在淡定村蛰居半年之后，强忍着失去几位亲人的巨大痛苦，回到潮州，继续筹办"岭东同文学堂"。丘逢甲等人考虑到汕头是岭东门户，经济繁荣，来往人多，风气较为开放，易于荟萃人才，在此创办新式学堂影响更大。于是决定在汕头开办"岭东同文学堂"。为了选择适宜的校址，他不辞辛劳，亲自奔波，最后选定汕头外马路一处庭院式平房作为办学地点（现为汕头市外马路第三小学），这里原来是汕头绅商集资兴建的"同庆善堂"，濒临海滨、环境幽雅、"高爽通达"，丘逢甲看过之后十分满意，遂出资租赁下来。

经过装修院落房屋焕然一新。在丘逢甲的主持下，1901年春，"岭东同文学堂"终于在汕头正式开办，丘逢甲自任监督（校长），温仲和任总教习兼中文教习，何士果、温丹铭分掌教务，刘家驹任数理教习，罗仙俦任教员，聘日本学者熊泽纯之助担任日文教习。"岭东同文学堂"的创办，是当时潮汕地区新、旧两种教育思想剧烈斗争的产物，更是丘逢甲教育救国思想新的探索和重要实践。

1899年10月，丘逢甲亲自撰写了《创设岭东同文学堂序》，最鲜明、最集中地反映了这一时期丘逢甲的教育救国思想。序文开篇即指出："国何以强？其民之智强之也；国何以弱？其民之愚弱之也；民之智愚乌乎判？视其学之有用无用判之也。"阐明了启发民智和革新教育内容对国家强弱的重大关系。指出中国就是因为一直维持科举八股等无用之学，"鄙弃西学不屑道，或仅习其皮毛，于是遂驯致于贫弱而几危亡"。

丘逢甲在序文中猛烈抨击科举八股给中国带来的严重危害："其上自王公大臣，而下至百执事，叩以六洲之名，茫勿知；询以经世之条，瞠勿答。遇交涉则畏首畏尾，值兵争则百战百败……语以贫弱，则曰吾学不言富强；语以危亡，则曰是有天道。通国之人心若此，士习若此，无惑乎！"他告诫那些"沾沾科举业者"不要抱有"国家侥幸可以图存，科举在所不废，吾所学犹足恃耳。即有不测，国家受其祸，而民间无与，况得中国者不能不用中国之人，吾科举业固无恙耳"的侥幸心理，一旦中国被列强瓜分，"祸在国家乎？抑在民间乎？试问

现在的汕头市外马路第三小学，原岭东同文学堂

此八股、试帖、卷、折之士，其犹可橐笔取青紫乎？训诂词章之士，其犹可以名山一席占千秋乎？"他列举了印度、越南被列强占据之后，国内民众地位低下，备受压迫的惨痛事实，希望"吾国之人深长思之也"！同时，他警醒国人，如今中国"国势积弱"，若不尽快"振刷精神，破釜沉舟，力图其立，顾尚日奔走于无用之学，借口于国家之荣途不外于此，几幸于西人之刀锯尚不我及"，一旦列强群起瓜分中国，则"虽悔亦无可追矣"！

他又在序文中明确申明了"岭东同文学堂"的办学宗旨："我潮同志，深慨中国之弱，由于不学也，因思强中国，必以兴起人才为先；兴起人才，必以广开学堂为本。爰忘绵薄，广呼同类，拟创设岭东同文学堂，举我邦人士与海内有志之徒而陶淑之……西学条目繁，时乎已迫，求其速效，不能不先借径东文，此本学堂之宗旨也。"号召全国所有"魁儒巨子、忧时惧祸之志士"竭力所为，让培育有用人才的新式学堂接踵而起，以强大的人才力量推动中国的强大。

在教学内容上，他又规定："以中学为体，西学为用；中学为纲，西学为目。""中学为体，西学为用"是洋务运动提出的纲领口号，丘逢甲将其拿过来，是想继续发挥其已经产生的影响和作用，同时将其赋予了新的内涵、新的意义。《岭东同文学堂开办章程》指出："本学堂以昌明孔子之教为主义，读经读史，学习文义，均有课程，务期造就圣贤有用之学……

以中学为主，西学辅之；学其有用之学，非学其教也。"温仲和后来根据丘逢甲的指示制定了详细的《岭东同文学堂章程》，其中也明确指出，在"中学"的学习上，"宜读朱子语类……以激发人之志气，读之然后知读书作人之法"；"宜先读史记、汉书、后汉书、三国志……以知古今治乱兴衰之迹……以知古今兴废沿革之由"。即要学习中国的传统文化，了解中国历史的兴衰，了解中国的国情，传承和弘扬中国优良的传统和精神。在"西学"的学习上，开设了许多新课程，包括格致、化学、生理卫生、算学等从西方引进的自然科学，以此让学生掌握西方先进的现代科学文化技术。此外，还特设"兵式体操"课，以期通过军事训练，增强学生体质和实际本领，准备将来担当重任。可以看出，丘逢甲这样安排教学内容，一方面强调"经世致用""古为今用"，继承和发扬中国传统的优秀文化，另一方面立足"洋为中用"，学习和吸收西方的先进思想和科学技术。在他看来，"诗无今古真为贵，学有中西汇乃通"，只有把"中学"与"西学"结合起来，让学生学以致用，德智体全面发展，才能真正造就出学贯中西、于国于民有用的人才，从而实现"救国""强国"的根本目的。

由于时代的局限，丘逢甲并不能完全深刻认识和理解"中学""西学"的本质，没有完全摆脱中国传统的教育思想和道德规范的束缚。他将有用的"中学"，仅仅局限于孔子之学。其在序文中指出："中国之学，统集大成于孔子；孔学者，有用之学也。"而不是将中国传统文化中所有的精华部分和有用之学都纳入到"中学"的范畴内，至多也仅仅只限于文学、史学，当然有失偏颇。但是，他也指出："自孔教不得其传，而中国人士，乃群然习为无用之学。"即是说如今国人学习的孔学，已经背离了孔子之学的本义和宗旨，科举考试已经完全陷入形式主义。如今开办学堂，就是要昌明孔学原来的教义，这也不失为可取之处。总之，从序文中可以看出，丘逢甲对传统文化中腐朽没落的旧文化是切齿痛恨的，两者之间存在着尖锐的矛盾，反映出当时新学与旧学、西学与中学、学校与科举之间的剧烈斗争和冲突，因而也是具有进步意义。

在教学方法上，丘逢甲注重因材施教，注重自由活跃的学习气氛，注重培养学生独立思考和分析问题的能力。学堂《开办章程》规定："本学堂分班教授，而学生外另设一班，曰讲习班。凡未为学生而愿与本学堂相切磋者，均可先行挂号，时到堂中研究一切。"

在对学生的教导上，丘逢甲要求学生首先要明确学习目的。"况当兹国危民困，我望汝辈树捍卫国家民族之勋业耳，不望汝辈只作博士也。"亦不可学作"隐士"，要积极入世，解救国家民族的危难。其次，要循序渐进，由浅入深。"不可用脑过度"，知识的学习要"平步登楼，量力渐进"。再次，要多疑善问，勤于思考。要成为"同窗中的独人"，努力钻研问题，在"众学同议之外"，有"与众有异的主张"，"切莫人云亦云"。如学堂《章程》规定："每日课程但随所看之书有不能尽解者，可相质问"，"诸生遇有各门疑义，准其问于师长……可笔问，有问者自书一纸呈上，听候批答"。此外，要努力培养学习兴趣。他认为"违心而读，成效甚少"，必须要按照自己的意志去学习，并努力调动自己的学习兴趣，这样才能学得主动，收获更大。丘逢甲在教育中所提倡和采用的这些方法，来自他长期进行教育改革实践、不断摸索总结出来的宝贵经验，也在一定程度上反映了教育的客观规律性，在当今来说，仍是有积极的启发和借鉴作用。

此外，丘逢甲坚持开放办学，其在学堂《开办章程》中说，尽管学堂设立在潮州，但是"自当不分畛域，以广造就。即各省府厅州县有志之士，均可查照章程，入学肄业"。

"岭东同文学堂"开办后，由于"以欧西新法教育青年"，因此很快闻名粤东，有志青年纷纷慕名投考，一时间入学青年甚众。几年下来，就培养出相当数量的有用之才。他们与旧式书院培养出来的学生截然不同，不仅具有学贯中西的广博文化知识，而且思想活跃、关心国事，积极投身爱国救亡运动。如1905年，在全国空前规模的抵制美货的反美爱国运动中，"岭东同文学堂"的学生在汕头率先响应。后来，又联合汕头绅商成立"废美条约后援会"，持续斗争一年多，在全国影响很大。不少青年由此而走上革命道路，成为孙中山领导的民主革命事业的骨干力量。

丘逢甲在潮汕地区积极创办新学，用新思想、新知识启发教育青年。同时，他还极力劝勉和支助有条件的青年学生赴东西洋留学。他曾说："日本，吾国仇也，然日本之所以能侮我者，由学术胜耳。欲复仇而不求其学，何济？"在他的积极倡导下，"当时岭东留学日本者，达数十人"。许多青年到日本后，受到民主革命思想的影响，纷纷走上反清革命道路。1905年，中国同盟会在日本东京成立，"岭东同文学堂"的留日学生大多参与其中，何天炯、何天翰、刘维焘等人还被推举为同盟会的重要干部，成为孙中山领导民主革命的得力助手。

总之，丘逢甲怀着教育救国、教育强国的迫切之心，在潮汕地区积极创办新式教育，成为这一地区新式教育的先声。他通过兴办教育开启民智，培养造就了一批救国、强国人才，极大地推动了潮汕地区文化的发展，也为孙中山领导的资产阶级民主革命运动的兴起和发展产生了积极的推动作用。"十余年来，岭东民气蓬勃发展，国民军起，凡光复郡县，莫不有岭东人参与其间，皆此校倡导之力。"

南洋考察 募集资金

1899年冬，在广东惠潮嘉兵备道沈絜斋推荐和帮助下，粤省当局拟委派丘逢甲到南洋调查侨情，联络侨民。丘逢甲考虑此行不仅可以实地了解异国风情、开阔视野、增长见识，饱览向往已久的南洋风光，还可以见到和自己多年保持密切诗书往来、却从未谋面的挚友丘菽园，更重要的是可以趁此机会在南洋华侨中募集一笔办学经费。几个月来他为"岭东同文学堂"办学经费之事，多方奔走，几近心力交瘁，但是募集所得依旧是杯水车薪。如果成行，那将是一举多得。所以丘逢甲很乐意地接受了差遣。1900年初，他在给沈絷斋的信中，说明了此行的背景及心境：

由台来粤，蛰伏五载，无有能知其为人者，荷公以国士见待，感何可言！某虽京朝末官，放弃海曲，而忠愤耿耿，未尝不日思为朝廷稍尽心力。联合南洋各埠闽粤商民之举，谋之数年，岛中豪杰，略能得其要领。今岁联合之机已动，彼中人士屡书恳往主持，所以迟迟不行者，正恐人以新党目之耳。承公以文牍宠其行，他日使各埠商民能以财力上报国家，某亦薄有建树，皆公之赐矣！汕埠闻亦创设东文学堂，与郡城乃一时并举，此亦风气渐开之兆也。

"一水茫茫络五洲，此行心已遍全球。"1900年3月，丘逢甲怀着万分激动的心情，辞别亲友，偕同王晓沧等人，从潮州出发前往汕头。到达汕头后，许南英等人前来送行。随后，丘逢甲一行转乘海轮前往南洋，经香港，过七洲洋①，3月15日到达西贡。稍作休息后，经高棉，于3月下旬抵达新加坡。

丘逢甲抵达新加坡后，受到当地侨团领袖、著名学者丘菽园及各界侨胞的热烈欢迎。丘菽园，又名蔚萱，祖籍福建海澄。1894年（清光绪二十年）参加乡试中举，是为解元。次年参加会试不第，因不满朝廷腐败，遂绝意仕途，远赴南洋，寓居新加坡，创办《天南新报》，鼓吹维新变法，以期改造中国。丘菽园家为南洋巨商，和康有为、黄遵宪、容闳等人交往甚密，曾出巨资支持维新志士唐才常开展自立军勤王运动，被誉为"南洋孟尝君"。丘菽园对丘逢甲在乙未年倡导抗日保台的壮举，以及其出色的诗才十分钦佩，自1897年起，就与丘逢甲有频繁的诗书往来。虽然两人天各一方，一直没有机会见面，但是两人志趣相投，互相仰慕，早已心心相印，引为知己。如今，丘逢甲远涉重洋来到新加坡，丘菽园异常高兴，一连数日，盛情设宴款待。席间，通过丘菽园的介绍，丘逢甲结识了不少当地华侨中的社会名流，了解到我国侨民在南洋各埠的许多情况。

其时，丘逢甲的义声和诗名早已在南洋各埠爱国华侨中广为传扬，各地侨胞得知丘逢甲到来的消息，纷纷邀请他前往观

---

① 七洲洋：指位于台湾海峡西南至海南岛东北之间的海域，属于海南省文昌市管辖。

光访问、发表演说。丘逢甲也不辞辛苦，先后赶往印度尼西亚的坤甸，马来亚的吉隆坡、马六甲、槟榔屿等地。每到一处，出席集会并讲学，忙得不亦乐乎！丘逢甲学识渊博、才思敏捷，执教多年，尤擅长演说，而且言词生动、声如洪钟，兼之他通晓潮、嘉、惠及闽南各地方言，侨胞们听起来津津有味、倍感亲切。丘菽园创办的《天南新报》还专题报道了丘逢甲在南洋各地的活动和这一时期创作的诗文，引起南洋华侨的广泛关注和强烈共鸣。4月29日，丘逢甲为联合南洋的侨民，在南洋大吡叻埠发表演说，其演说词被刊登在1900年6月4日的《天南新报》上。在这篇演说词中，丘逢甲剖析了中国国势衰危的情势，指出："诸君！诸君！我中国今日瓜分之祸，正在眉睫矣！我国人之为奴仆、为牛马之期不远矣！"他指出："今日欲救瓜分之祸……必兴学以育人才"，"广开学堂以聚志士……一年之内，风气可开；三年之内，人才自出"。他又说："中国之弱，患在无才。若南洋有此数千有用人才，将以之救中国不难。"最后他大声疾呼："须知此身与国，祸福与共……故今日人人须知自危，须知自奋；欲求自立，须知不联合之不可，须知不开通之不可……学堂之设不可缓也。各尽各心，各居各力……并起以当救中国之任也。"他在演说中号召华侨要广开学堂培育人才，以自立自强，避免受西方列强的欺侮。同时，也要与中国内地加强联系，并以救中国为己任，为中国的自强复兴输送人才，贡献力量。听众听后深受鼓舞，也更加关注祖国内地的教育事业，很多人纷纷解囊捐资。

与此同时，丘逢甲还撰写了《劝星洲闽粤乡人合建孔子庙及大学堂启》《吧罗创建孔庙学堂缘起》等文章，反复申明教育救国的宗旨，并将《开设岭东同文学堂禀稿及续议章程》，刊载于同年3月23日的《天南新报》上，将学堂创办的情况作了详细说明，指出创办新学是为了"以开风气而育人才"，已上禀督抚并得到恩准，他欢迎南洋各埠的华侨子弟入学，"有才质可造而家贫不能出修金者"，经保送核实，可"免送修金，以广造就"，学已有成者可咨送京师大学堂及国外继续深造，并呼吁南洋各埠的侨商积极为学堂捐资，以促进办学。

南洋各埠的华侨很多，受中国传统科举考试的影响也很大。丘逢甲得知这一情况后，利用向侨胞讲演的机会，以自己的切身体会力陈科举制度的严重弊端，大声疾呼改革陈腐落后的教学内容和教学方法，尤其是他所撰文章讲演稿在《天南新报》上刊登后，一时"造成了颇大的震撼"，不仅激起了南洋华侨复兴中华之学、寻找文化之根的热潮，更极大地启发了当地华侨教育界，为他们积极推行教育改革起到了促进作用。其在《自题南洋行教图》一诗中，记述了他在南洋讲演时的感人情景以及造成的积极影响：

茫茫群山海气青，举风远被到南溟。

万人围坐齐倾耳，椰子林中说圣经。

总之，丘逢甲尽心尽力在南洋各地开展了历时两个多月的考察、讲学活动，比较全面地调查到了南洋各地侨胞工作、教育、生活等多方面的情况，促进了南洋华侨与祖国内地之间的沟通和交流，密切了两地之间的联系，圆满完成了粤省当局交给他的任务。更为重要的是，他每到一地，爱国华侨纷纷慷慨解囊，很快募集到近十万元的办学经费。1900年6月中旬，满载着南洋广大侨胞的深厚情谊和丰硕成果，丘逢甲乘坐海轮回到祖国。

兴办师范 再设族学

1900年6月，轰轰烈烈的义和团反帝爱国运动爆发，遏止了帝国主义列强瓜分中国的阴谋。但是，英、法、俄、美、日、德、意、奥八个帝国主义国家借口镇压义和团运动，组成八国联军，悍然入侵中国。8月中旬，八国联军攻陷北京，慈禧太后挟持光绪帝逃往西安，义和团运动被镇压下去。随后，清廷与列强签订了丧权辱国的《辛丑条约》，帝国主义列强实行所谓"保全主义"政策，继续扶植清王朝作为他们统治中国人民的工具，清廷则对列强感恩涕零，声称要"量中华之物力，结与国之欢心"，彻底成为"洋人的朝廷"，中国的民族危机进一步加深，反抗清王朝腐败统治的爱国救亡政治运动更加广泛地开展起来。

经过义和团运动和八国联军猛烈冲击的清王朝，已经摇摇欲坠。为了维系其专制统治，清廷宣布进行所谓的"新政"。在教育方面，宣布从1902年开始在各省废除八股文章，改试策论和《四书》《五经》等。同时，通令各省、府、州、县改建或兴办新式学堂。1905年，正式废除科举制，并设立学部作为全国教育事务的最高管理机构。在短短的几年时间里，中国教育有了惊人的变革和发展。但是，清廷对真正的教育"改革"并不是很热心，其改革目的也不外乎培养"尊崇孔教，爱戴大清国"的臣民，也没有采取强有力的措施去推进改革。因此，学校的形式改了，但是从授课教师、授课内容到授课方法几乎都是原来的那一套，传统的教育思想和守旧势力根深蒂固。学校里新旧教育的斗争异常激烈，从事新式教育困难重重。尤其是在1905年科举制正式废除前，情况更是如此。从梁居实于1902年10月给丘逢甲写的一封信中，便可看出当时的种种情形：

当己亥年间（1899年），岭东学堂未开之前，弟曾上两书，论公立学堂为当今至要至急之务，劝阁下出而主持其事，其时尚以官禁为一疑。今何幸喜下明诏，通行各省，遍开学堂，此非四百兆人同声感颂者乎？然科举不废，致士子意向不专，其不可解者一也。不开师范学堂，致无教习可延，其不可解者二也。不设寻常小学堂（中国人所谓蒙学，即日本之寻常小学），致无学生可招，其不可解者三也。不编教科书，致无书可读，其不可解者四也。不定课程，致无法可守，其不可解者五也。不废书院、寺观，致无款可筹，其不可解者六也。不行强迫教育，致上下观望，或遵或否，不能普遍，其不可解者七也。七不可解之外，尤以不定宗旨，为无教育之精神……由此而推，则兴学育才之政策，其非有意实施可知。窃料将来，或大参旧学，或竟撤去学堂，又甚则复八股、诗、赋、小楷，是皆不敢知。

由此也可以看出，当年丘逢甲创办"岭东同文学堂"，并取得非凡的成绩，其中的艰难和付出可想而知，这也足见丘逢甲不一般的勇气和魄力。而清廷在教育方面实施的一些"新政"，让丘逢甲看到了一些希望，在新的历史条件下，他也期望能够更广泛地实践他的教育救国思想，在教育领域闯出一片新的天地来。

1902年秋天，丘逢甲除担任"岭东同文学堂"监督外，又兼任学堂管理。1903年春，清廷诏令各省，准许各学堂提拨地方公款办学，"岭东同文学堂"的办学经费问题总算得到圆满解决。由此，学堂的发展更快，声望和影响不断扩大，但引起当地顽固守旧势力的仇视，他们一心想借机破坏，以搞垮学堂为快。是年秋天，因"岭东同文学堂"宣传新思想，学生争相响应"上海爱国学社"（章太炎、蔡元培等发起）鼓吹种族革命的号召，革命文字见诸国文课卷。丘逢甲以"天赋人权""思想自由"为之申辩。地方顽固守旧势力借端捣乱，企图搞垮"岭东同文学堂"并牵累丘逢甲。最后，在众多官绅和好友的奔走努力下，事端得到平息。是年底，丘逢甲考虑潮汕地区远离粤省政治文化中心，守旧势力猖狂，难以施展抱负，遂辞去"岭东同文学堂"所有职务，转往广州谋划发展新式教育。但是他在广州奔走了几个月，却一切毫无头绪，无奈之下于1904年4月返回故乡镇平。

其时，黄遵宪对丘逢甲在潮汕地区创办新学的举动十分赞赏，且不顾年老体衰，邀集嘉应地区的一些有识之士成立了嘉应兴学会议所，亲自担任所长，大力倡导兴办新学，同时在梅州创办了务本中西学堂和东山初级师范学堂。丘逢甲深受启发，回到镇平以后，也计划兴办师范学校，将其教育救国的实践活动转向培养师资人才方面，并在此基础上，大力发展族学。

随后，丘逢甲为创办一所师范学校，不辞辛苦，四处奔波，接洽联络，募集资金，聘请教师，并亲自订立章程，在克服种种困难之后，于当年夏天，在镇平县城"桂岭书院"旧址创办了镇平初级师范传习所，开始招收学生开学上课，大力培养小学师资。与此同时，他又不顾劳累，在文福乡设立了自强社课，亲自辅导族中青少年学习文化。经过他的努力，"不一载，而社中子弟在县科各考均崭然露头角"。

1904年冬天，丘逢甲又马不停蹄谋划筹办族学。经他提议并得到族人的同意之后，他用各宗族的族田收入，分别在镇平城东的东山、员山两地创办族学堂各一所。为纪念镇平丘氏始祖丘创兆（文兴），他特意将这两所族学命名为创兆学堂，并手书楹联"创新学界，兆大人文"，以示其致力发展新学，培养新式人才的信心和魄力。次年春，两所族学堂正式开学。利用乡间族田收入兴办族学，这在粤东地区尚属首次，此举大大减轻了贫苦农家子弟入学的经济负担，有助于农村小学新式教育的快速发展。此后，粤东、闽西等地纷纷效仿，新学普及成效显著。

员山创兆学堂的规模相当可观。丘逢甲的父亲丘元宝"躬任督率，诸子皆为义务教员"。学堂位于淡定村约八华里外的鹤湖村，地势平坦、交通便利，周围有十数个村落，总人口八千余人。学堂"依照当时的'钦定'学制，属于两等小学，即初等四年，高等二年。校内设备相当完善，除了各班教室之外，还有花圃、操场以及宿舍等"，"村中私塾是无法和它比较的"。各村入学的学生，近者走读，远者寄宿。学生一律经过考试，依程度高低编入不同的班级学习。丘逢甲之子丘念台是这所学堂高等小学的首届毕业生，他曾回忆说：

高等小学的课程方面，国文以经学、古文、历史、地理为主，数学课本采用康熙年代所编的《数理精蕴》，另有博物、理化等科。教员大部分是秀才出身，授课十分认真，经常举行测验，迫得大家非得努力用功不可。其中比较轻松的课程，就是上体育课，有时进行集体游戏，有时携带木枪操练。这些新鲜的玩意，对于来自乡间私塾的同学们，具有很大的吸引力；同时，也给予我们一种新的感觉：过去读旧书的人，只是求取功名，显耀闾里；现在读新书，不但研究实用知识，而且参加军事训练，将来一定成为文武双全的人。到那时候，便可大展才能，献身于建设国家的崇高工作了。

由此可见，丘逢甲创办的创兆学堂，不论是教学设备、教学内容，还是教学方法，在当时都是相当先进的，远远超过一般的私塾。两广总督岑春煊得知后，对丘逢甲创办族学的举动大加赞赏，亲手书写匾额"举族文明"，以褒奖他在教育上的贡献。

1906年，镇平初级师范传习所招收的学生经过近两年的培训，顺利结业。经过和当地官府洽商，丘逢甲将该传习所改为镇平县立中学堂。当年招生时，录取名额仅一百名，但投考者却多达四百人。招生考试结束后，来自员山创兆学堂的十五名考生被全部录取入学。这也可以看出当时创兆学堂的教学质量非同一般。

从1905年开始，丘逢甲开始派宗族子弟前往江西寻乌，福建上杭、武平，广东嘉应、兴宁、长乐、平远等地为同族及异族倡办族学。甚至他还亲自前往这些地方劝办新学。同时，丘逢甲还将师范传习所的毕业生派往各地办学。在1905年、1906

年两年中，经过丘逢甲、黄遵宪等人的积极倡导和支持后，岭东地区兴办新学风气大盛，出现了前所未有的喜人景象，新办学校如雨后春笋，几年之间就达到近百所，"单以创兆名校之丘氏族学，闽粤之间不下十数"。1906年，在镇平初级师范传习所改办以后，丘逢甲又在员山创兆学堂附设师范传习所，继续培养师资人才，支持各地兴办新学。1905年，在丘逢甲的建议下，福建上杭丘氏族人也开办了上杭丘祠师范传习所，招收青年进行培训教育，这是福建省最早创办的"民立师范"，影响很大很广。其时，兴宁县名士肖惠长等人在兴宁创办了一所兴民小学，为站稳脚跟，扩大影响，希望聘请丘逢甲担任首任校长，丘逢甲欣然应允，这给兴宁教育界的进步以极大的支持和鼓舞。1905年，丘逢甲应邀到梅县白宫富良美村，与当地丘氏乡贤商量，将村中的几所私塾合并，创办了一所新式学堂，定名为鹏飞学堂，其亲自书写校名，刻成横匾，悬挂于校门上方。即便到了今天，广东韩江上游的兴宁、梅州等地虽然十分偏僻，但是文化教育事业却是全国比较发达的地区之一，这与当年丘逢甲、黄遵宪等人大力倡导、苦心经营分不开的。

但是，丘逢甲在乡创办族学也不是一帆风顺的，经常遭受当地顽固守旧势力的仇视和反对。1907年，一批劣绅竟然以丘逢甲创办族学罗织罪名联名上告清廷，密控丘逢甲为"革命党魁"：

乙巳春，（丘逢甲）于镇平私立两创兆学堂。去年在闽省辖境之武平、上杭又设两创兆。在嘉应、平远与镇平毗连之境亦设两创兆。时有"创之有罪，兆实不详"蜚语。统计丘族，上下各属数百里，户口万家，壮丁万人，以丘逢甲之志，借学联络，选作亲军，冀图大业而已。尤可骇者，集数百银圆设两等小学，遽雕刻"举族文明"匾额簇拥于邑城内宗祠之上，欺世盗名，莫此为甚。

从丘逢甲办学的经历来看，这完全是"莫须有"的罪名。对于他们的无理取闹，丘逢甲不屑一顾，排除一切干扰和阻力，继续为办学之事忙碌奔波。在目睹岭东地区教育日益发展，自己的办学付出变成累累硕果的时候，丘逢甲心中甚觉安慰，十分欣喜，曾作诗道：

十年不负种花心，万玉千珠花气深。
锄罢月明吾事毕，看栽成树树成林。

山多赤土无林学，溪壅黄沙易水灾。
今日树人兼树木，早兴地利起人才。

总之，丘逢甲满怀着炽热的爱国爱乡热情，围绕救国、强国以及复土雪耻的迫切愿望，不辞辛劳、不畏艰难地从事兴学育才、启发民智的教育事业，积极地与顽固守旧势力作坚决斗争，在教育领域呼应了当时的资产阶级维新运动，在一定范围内、一定程度上为后来的资产阶级民主革命扫清思想障碍、不断向前发展起到了促进作用。尽管他的教育救国探索和实践带有鲜明的时代色彩，也有其时代和阶级的局限性。但是，这依然不影响他作为一位有贡献、有影响的爱国进步教育活动家的地位。

第四章　转向革命

顺应潮流　支持维新

1894年至1895年，中国在甲午战争中被日本打败，并签订丧权辱国的《马关条约》。此次事件，举国震惊，前所未有地刺痛了中国人的思想神经。因为除了割让台湾等大片领土、开放通商口岸、支付巨额赔款、丧失对属国朝鲜的宗主权之外，最为关键的是在中国经历了三十年洋务运动"自强"改革之后，被同样向西方学习的日本打败。因此，这种丧师辱国之感特别辛酸辛辣，让上至皇帝、下至庶民的中国人难以接受。同时，由于是日本把中国打败了，更刺激了列强瓜分中国的野心，随即掀起了瓜分中国的狂潮，中国的民族危机空前严重。因此，在1895年"公车上书"之后，以康有为、梁启超为代表的新兴资产阶级，掀起了一场资产阶级维新变法政治运动，这场运动的高潮就是戊戌变法，又称"百日维新"。

丘逢甲在青年时代就较多地接触西学，十分关注中外时事，列强对台湾的多次侵略以及刘铭传等人在台湾大力推行洋务，让其看到了中西之间的巨大差距，在思想上深受刺激和震动，促使他不断思考如何救国、兴国。更为重要的是，丘逢甲亲身经历了1895年自主抗日保台而又无奈乡土沦丧的生死洗礼，这种切肤之痛更是他人难以体会到的。从他在台湾以及内渡后从事教育，注意传播西方新学以及新思潮的情况即可看出，在他的思想深处比较倾向于向西方学习，改革弊政，挽救国家危亡，雪耻复土，实现国家自强、民族复兴。

在丘逢甲潮汕讲学期间，列强掀起了瓜分中国的狂潮。一向关心国事的丘逢甲，对此十分担忧，更对清廷的种种弊政愈发不满。他曾在《菽园赘谈》一文中，表达了对现实弊政的强烈不满，要求清廷改革弊政、革新自强的维新意愿也是更加强烈。

随着康有为、梁启超等领导的资产阶级维新政治运动的发展，光绪帝于1898年6月11日下诏进行变法，开始了"百日维新"，发布了一百余项改革上谕，以求革汰弊政，变法自强。丘逢甲得知后欣欣鼓舞，对此寄予厚望，甚至在"百日维新"期间专门撰写了《经武十书》，希望能有机会参与其中。1899年，丘逢甲在赠给夏同龢的诗作中以"四海喜闻新政日"表达了他赞同维新变法的欢快心情。同年，其在给丘菽园的复信中这样说道：

来示言迁都、练军、改律、设捕诸节，极是伟论……练陆军为今首务。去岁（指1898年）六七月间，弟作《经武十书》，即皆言练军之事，方将以为新政之助，并拟身任此责……总之，不变法则此等事今日皆属托之空言者也。

这表明丘逢甲作为一个爱国志士，是欢迎和支持维新变法运动的，也是愿意参与其中并发挥作用的。

但是，维新变法遭到了以慈禧太后为首的顽固势力的极端仇视和反对。9月21日，慈禧太后发动政变，囚禁光绪帝，大肆抓捕维新派人士，杀害了"戊戌六君子"，轰轰烈烈的戊戌变法以失败告终。丘逢甲闻之后，深感震惊和愤怒，他曾作诗多首，对慈禧太后的倒行逆施进行了猛烈抨击，对维新志士献身变法运动、图强救国的壮举给予了很高的赞誉。如其在1898年间所作的《感事诗》中，表达了对维新变法失败的深深悲痛：

莫向帝乡问，南阳多近亲。

未能成革政，相厄有尸臣。

庙算归权戚，宫符付柝人。

空教天下士，痛哭念维新。

1898年秋，因参与维新变法运动而受到株连的黄遵宪被清廷"革职放归"，返回广东梅州故里。丘逢甲得知后，专程赶往梅州探望。黄遵宪是丘逢甲1889年进京赶考时，经温仲和介绍认识的好友，两人因为爱诗文而志趣相投、惺惺相惜，一见如故，结下深厚友谊。两人已有十年未曾谋面，在各自经历了人生中最惊心动魄的岁月之后再次见面，悲喜交加，感慨万千。两人见面后，多日彻夜长谈，尤其讨论对时局的看法。黄遵宪对这十年的一些经历的，尤其是最近一年京、沪、湘等地的维新变法运动情况的介绍，使丘逢甲对中外时局有了更深刻的看法，更增添了对清廷弊政的不满和担忧，对维新变法的认识更加清晰，也更加坚定起来。

戊戌变法失败后，康有为在海外成立了"保皇会"，与唐才常等在香港积极筹划"武装勤王"运动。康有为鉴于丘逢甲在抗日保台中的盛名，于是给他写信，指出光绪皇帝"决意变法"，"毗赞维新"，为"中国不可得之机会也"。只是由于慈禧太后"推翻新政"，而令"天下哀之"，因此希望丘逢甲能够到香港共商国是。由于丘逢甲赞同变法、改良，与康梁"保皇派"一拍即合，收到信后，欣然同意。于是利用赴南洋考察之机，顺道去了香港，与康有为等人会商庚子（1900年）"武装勤王"之事，并决定参与其中。从当时丘逢甲在港会见一些日本维新志士后的诗作可以看出其当时的思想状况：

　　　　谁挟强亚策，同洲大有人。

愿呼兄弟国，同抑虎狼秦。

慷慨高山泪，纵横大海尘。

支那少年在，旦晚要维新。

丘逢甲在诗中自注："日本有高山正之，其人维新先进也。"亦可看出其是赞同维新变法的。

但是，1900年8月，唐才常等人在汉口被捕并惨遭杀害，康梁"保皇派"苦心经营的"武装勤王"运动胎死腹中。向来谨慎谋事的丘逢甲，得知这一消息后便"复闻败而止"了。

总之，随着中国的民族危机日益严重，资产阶级维新变法政治运动的日益高涨，让丘逢甲看到了救国、强国希望，因此顺应时代的潮流，欢迎和支持维新变法运动，甚至参与其中。虽然维新变法运动最终失败，但是仍然可以看出丘逢甲炽热的爱国热情和希望国家民族强大的迫切愿望。

任职粤省 兴利除弊

丘逢甲在粤东潮、嘉地区从事兴学育才工作长达十年之久，成绩斐然，声名远播，受到官方的极大认可。1906年夏，两广总督岑春煊礼聘其担任两广学务公所议绅和惠、潮、嘉视学员，旋即又令其兼任广府（广州）中学堂监督之职。

担任广府中学堂监督后，丘逢甲运用自己丰富的治校经验，更加严格要求学生，以"整肃严明"著称。但是他并非一味压制，而是以思想启发教育为主，"务提起后进意志，使之自重自奋，乐而向上"，所以，"学部徐视学，评为广东第一，谓是以兵法管教者"。

由于丘逢甲在粤省官吏、士绅当中有很高的声望和威信。当局在处理教育上的一些棘手问题时，常常要征询丘逢甲的处理意见。他也从不推脱，不辞辛劳，每次都"剖情析理，持正建言"，使事情都得到妥善解决，深得当局的信赖和学界同仁的赞许。因此，当年11月，广东总教育会成立后，众望所归的丘逢甲经投票被选举为会长。

丘逢甲在广州担任两广学务公所议绅和惠、潮、嘉视学员长达六年时间，为发展教育事业，力任艰巨，兴利除弊，不怨其苦。1908年，梅县松口发生"学潮"，两广总督张人骏奏请停办全梅学校，丘逢甲"以华侨利害说之，一言而解"。1909年，丘逢甲又兼任两广方言学堂监督，聘请朱执信任学监和负责讲授西洋史课程，又聘请同盟会员邹鲁担任国际公法、经济学和财政学的讲授工作，学校面貌焕然一新。1909年10月，广东咨议局成立，他又被推选为副议长，更有利于开办新学，仅在振兴广东教育事业方面所通过的有关议案就多达九宗，尤其以主持通过了由陈炯明提出的《振兴女子小学》办学议案为重要，对于促进广东女学的发展和妇女解放运动起到一定的作用。而其以强国为目的，先后在广东"劝办学校百数"，对于广东教育的发展、民智的开启和人才的培养起到积极的促进作用，不愧为中国近代杰出的爱国教育家。

其时，丘逢甲还针对学部下发的教育计划草案，结合自己在潮汕地区丰富的教育实践，向清廷上报了《广东学务公所议绅工部主事丘逢甲覆陈教育计划草案条议》，对当时中国的教育现状，革新计划、步骤等进行了深入剖析，他提出：（一）师范为教育之母。兴学育才，当首推师范。"不得以未受师范者滥允小学教员"，要在省、府、道、县开办各类师范学校，同时推行通信（函授）教育，以培养师资，这样国民教育才能得以较快普及。（二）振兴职业教育。"实业为立国之本"，"物质文明愈进步，实科竞争则愈激烈，先有职业之经营，而后有生存之凭借……所谓生存竞争之教育也"。因此，各类职业教育学堂"急宜推广，以收实效"。教育关乎国家民族前途命运。师范教育、函授教育、职业教育等在今天看来都是十分重要的理念，丘逢甲却在一百多年前就已经提出来，更可以看出他不愧是卓识过人的教育家。

除了教育方面之外，丘逢甲在广东兴利除弊另一件典型事例就是1910年轰动一时的咨议局"禁赌案"。

清中期以来，由于官方以赌筹饷，几次开放赌禁，赌风益盛。李鸿章在1899年出任两广总督后，更是以筹措"海防经费"为名，变本加厉准许公开招商承办聚赌，致使广东赌风达到极盛。据记载，1909年（清宣统元年），广东常年赌饷收入折合白银四百七十多万两，竟占全省财政收入的近百分之十八。因为赌博，社会风气、社会秩序也极其恶劣。有评论说："赌风一日不绝，则民智不开，实业不振。"实可见赌博给广东的社会发展造成了多大的负面影响。

丘逢甲一向对嗜烟、赌博深恶痛绝，1900年其听闻李鸿章以赌筹"海防经费"之举时，写诗以"相公南下纡筹策，报国居然仗博徒"进行了辛辣讽刺，对赌博更是痛恨至极。1909年冬，丘逢甲出任广东咨议局副议长后不久，立即和陈炯明、邹鲁等人商议，力主禁赌。粤省当局迫于压力，遂提出了《筹禁广东各项赌馆议案》，但是在如何禁赌的问题上，部分激进议员与官员之间存在着严重分歧，一番争论之后无果而终。1910年10月，广东省咨议局再次提出《广东禁赌请电奏定期实行案》，两派之间的斗争依然十分激烈。一些既得利益者也无耻地用重金收买、贿赂议员为其出谋划策。结果在付表决时，竟有三十五人投票反对，而赞成禁赌的只有二十人。

丘逢甲看到这一结果时，非常气愤，甩出一句："广东咨议局竟丢脸至此耶！"愤然离开议场。反对禁赌的以为获得了胜利，欣喜若狂。但是，投票时担任咨议局书记的邹鲁，当晚就把咨议局开会的情况和投票详情整理后，交给报馆发表，并提出辞呈。有人请丘逢甲阻止邹鲁，他却以"海滨（邹鲁）这样做是很对的！"予以拒绝，随后率全体投赞成票的议员提出辞职。广州全城舆情一片哗然。于是，社会各界的正义人士，召开大会声援投赞成票的议员，声讨投反对票的议员。在丘逢甲的影响和带动下，四十三名议员联名集体上书辞职。迫于压力，投反对票的议员也不得不宣布"集体辞职"。

清廷得知此事后，下令两广总督派人"查办"，企图私下解决问题，却遭到投赞成票议员的拒绝。最终，张鸣岐升任两广总督后，决定全面禁赌，筹饷之事也通过盐斤加价和烟酒增税的办法来解决，最终这场"禁赌"政治风波总算得到了平息。

总之，丘逢甲在粤省咨议局内联合一批进步议员，以坚决的态度和果断的手段，迫使粤省当局作出妥协和让步，最终通过了禁赌议案，在粤省全面禁赌。丘逢甲此种兴利除弊的做法，有效净化了社会风气，深得人民的拥护和称赞。

趋向革命　暗护党人

在1900年义和团运动、八国联军侵华，以及康梁"保皇党"人"武装勤王"运动失败之后，随着要求推翻清廷专制政权的民主革命思想的更加广泛传播，民主革命运动也在更广的范围内兴起。而丘逢甲的思想也随之慢慢发生变化，虽然还没能跳出维新改良的巢窠，但已经逐渐萌生出向往自由民主、反对君主专制的革命思想。这可以从他当时的一些诗作中看出来。其在1901年、1902年间所作的《重送王晓沧次前韵》中说："竞争世界论《天演》，此去闽中大有人。唤起群龙听梵唱，诸天同转法王轮。"这种进化论的认识，可以看出他已经激发出向往自由、民主的新思想。又如他在《次韵答维卿师》写道："独立苍茫发遐想，自由钟起国民魂。"表明他渴望思想独立自由，并能由此唤醒民众、振奋民气。

1901年清廷推行"新政"，废科举、兴学堂、派遣留学生后，新型知识分子群体迅速壮大，具有新思想的他们成为了传播民主革命思想和进行民主革命的中坚力量。丘逢甲作为兴办新式教育的倡导者和组织者，自然也受此影响。尤其是经他培养出来的青年学生大多思想活跃、关心国事，有相当数量的人后来走上了反清革命道路，成为民主革命志士。丘逢甲在与他们联系、交流的过程中，看到了国家民族的希望和新时代的曙光，思想认识的变化也日益明显，开始同情排满革命。一个明显的例子就是，他在1903年"岭东同文学堂"学生响应"上海爱国学社"鼓吹种族革命的号召、革命文字见诸国文课卷一事中，不但不加任何干涉和反对，反而为之申辩说："此天赋人民思想、言论之自由权。"他默认青年学生进行进步活动和公开发表革命言论，可以看出他是赞成思想言论自由、同情排满革命的，他的思想已经与康梁"保皇派"的思想有了相当的距离。

1905年中国同盟会成立之前，以孙中山为代表的民主革命派就对康梁"保皇派"的谬论进行了严肃的批判和抨击。此后，随着民主革命浪潮的进一步高涨，康梁等保皇党人"为虎作伥，其反对革命，反对共和，比之清廷尤甚"。因此，为彻底肃清"保皇派"的流毒和影响，推进革命迅速发展，革命派在1905年至1907年，与康梁"保皇派"进行了空前规模思想大论战。最终，"保皇派"全面溃败，民主革命思想的影响更加深入人心，大批知识分子从改良派变成了革命派，从而推动了民主革命潮流的进一步高涨。

丘逢甲一向关心国事，经常浏览报刊杂志，又和社会各界人士尤其是革命党人有广泛的接触交往。到广州任职后，由于广州是革命派和"保皇派"积极活动的地方，各种社会思潮十分活跃，各种政治势力斗争异常激烈，丘逢甲面对社会思潮的更替和人心向背的变化，有了比以往更深刻的体会和认识，同时由于他的个人经历尤其是抗日保台的生死洗礼和切肤之痛，更容易接受革命思潮的影响。1906年冬，丘逢甲返乡省亲之际，有人向他询问时事前途，他说："至保皇之说，非不稳健，但时机已过，人心已去清室，康有为等无能为矣！"他断言："清室不出十载必亡，但非革命军攻陷北京，而为各省独立使之自倒。"这表明，丘逢甲已经把目光转向了新兴的资产阶级革命派，对康梁"保皇派"的改良行为有怀疑了。1909年，丘逢甲的好友刘士骥被刺杀，据传刺杀案的主谋是"保皇派"首领康有为。丘逢甲得知后，非常气愤，从此不再与康梁"保皇派"有来往，思想立场更加转向支持民主革命。1910年前后，面对"三民主义"学说的广泛传播，丘逢甲曾对人说："是吾志也，吾欲行民主于台湾，不幸而不成，今倘能成于内地，余能及身见之，九死而无所恨也。"可见，他对孙中山领导的革命事业表示由衷的赞许，他已经成为了民主革命的坚定支持者。但是，他的革命立场，与真正的资产阶级革命派，还是有差距和区别的。就在1910年，他还对人说："革命能和平成功最佳，不得已而有破坏屠杀，亦不可过当，盖我国今日大患不在满清，乃在东西列强。若因此破坏屠杀而毁伤国脉元气，将易启列强侵略。"可见他对民主革命的认识还不彻底，但是他担心列强的入侵却也是十分在理的事情。

丘逢甲倾向革命之后，利用自己的社会地位和与广东上层人物的特殊关系，默认和暗许革命党人的革命活动，也安插、重用了不少革命党人，甚至在他们遭遇危难的时刻，不顾一切尽力营救，保护了一大批革命党人。

1907年夏，同盟会在潮州黄冈发动武装起义失败后，广东当局大肆搜捕革命党人。丘逢甲获悉"岭东同文学堂"有不少革命青年参加了此次起义后，便急忙从中劝阻，以"防止株连，避免事态扩展"，使一批革命党人免遭迫害。

1908年，梅县松口发生"学潮"，两广总督张人骏企图借机镇压松口革命党人，奏请停办全梅学校。丘逢甲闻讯后，亲往张人骏住所，"以华侨利害说之，一言而解"，防止了事态的蔓延发展，从而也保护了松口的革命党人。

1909年秋冬之际，新任两广方言学堂监督隗文云将一名任期未满但很受学生爱戴的进步教员无理解聘，遭到学生的强烈反对，停课长达三个多月，学校陷入僵局。其时，丘逢甲还在广府中学堂监督任上，声望很高。方言学堂的学生一致拥戴丘逢甲继任监督，于是全体集合前往两广总督署请愿。最后两广总督增祺接受了要求，改派丘逢甲继任两广方言学堂监督。事后，两广学务公所开会讨论此次"学潮"的善后办法，有人极力主张严厉处理，丘逢甲坚决反对，据理力争："学生应惩处，则监督不应撤职；监督既撤职，则学生不应惩处！"结果没有一个进步学生受到处分。

丘逢甲出任广东省咨议局副议长后，延揽革命党人古应芬担任咨议局书记长，邹鲁为书记。后又安排邹鲁到两广方言学堂任教员，并将被广东法政学堂罢退的朱执信聘请到方言学堂任教。于是，朱、邹二人便利用方言学堂作掩护，在青年学生中宣传革命思想，秘密发展同盟会组织。同时，古应芬、邹鲁和陈炯明，还利用省咨议局的便利条件，从事秘密革命活动。

1910年，陈炯明、邹鲁因秘密参与广州新军起义，被粤省当局查获。广东巡警道王秉恩来到咨议局，企图拘捕陈炯明、邹鲁。丘逢甲拿过名单一看，正色厉声说道："陈某、邹某是我最信任的，假使他们是革命党，那么我一定也是，如若要按名单捉人的话，请先从我捉起！"慑于丘逢甲的地位和声威，王秉恩只得空手而归。

1911年，黄兴、朱执信等人发起的广州黄花岗起义失败后，广州全城戒严，清军到处搜捕革命党人。起义失败当晚，数十名起义战士逃到丘家祠（丘氏宗祠），恰好住在这里的丘逢甲对避难的起义战士说："尔等投生也，此间较为安全。"第二天，广州闭城搜捕革命党人，因丘家祠门口挂有"工部主事"的木牌，清兵不敢随便入内搜查，革命党人幸免于难。随后，丘逢甲赶往两广总督署，力劝张鸣岐解除城禁，从而使许多革命党人得以安全撤离广州。

总之，丘逢甲不顾个人安危，利用自己的社会地位、政治声望和与粤省大吏的特殊关系，保护了大批革命党人，为资产阶级民主革命的发展起到了保护促进作用。

力促和平 迎接曙光

由于丘逢甲屡次暗护革命党人，日益引起粤省当局的疑忌和注意。但丘逢甲依然泰然处之，置生死于度外，继续毫不动摇地从事认定的正义事业。1911年夏秋间，候任广州将军凤山接到密报，随即密奏清廷，将丘逢甲列入广东"革命大绅"黑名单榜首，准备到广州就职后，立即严厉捕治。

1911年10月10日，武昌起义爆发，并很快取得了胜利，成立了湖北军政府，随即通电全国，宣告脱离清政府，改专制为共和。这一巨大喜讯像惊雷一般随即传遍全国，各省纷起响应，革命浪潮迅速席卷全国。此时，因黄花岗起义失败而暂避海外的广东革命党人，迅速云集香港商议，准备在广东发动革命起义。

1911年10月25日，凤山踌躇满志来广州赴任。当他抵达广州后，威风凛凛乘轿、前呼后拥经过南关仓前直街时，被广州革命党人李沛基从楼上扔下一枚炸弹当场炸死。其"惩办"革命党人的计划不了了之，丘逢甲因此也幸免于难。

此时广东的革命形势也风起云涌。革命党人纷纷潜往全省各地，发动学生、农民、工人、会党等组织起义武装，又联络当地的新军、防营、士绅和民团等，以为内应。10月下旬，各地革命军相继发难，攻占各州县。随后，各地的革命军陆续到达广州城四郊，准备会攻广州，广州已经陷入四面楚歌之境。此时，两广总督张鸣岐等粤省文武官员如惊弓之鸟，纷纷在寻找自己的后路。广东水师提督兼巡防营统领李准，因为残酷镇压黄花岗起义，被黄兴等人恨之入骨，曾遭到革命党人炸弹袭击、险些丧命，因此更是惴惴不安，急于寻找出路。鉴于此，胡汉民等人决定采用和平手段谋取广州。

在这关键时刻，丘逢甲挺身而出，发挥旁人难以替代的作用，积极协助革命党人策动张鸣岐、李准倒向革命。他登门苦心劝说李准权衡利害，接受革命党人的投降条件，李准也感到"民心思汉，大势所趋，非人力所能维持"，遂在"利害相权"之后，"立意反正，投效革命阵营"。李准在得到胡汉民"革命党不报私仇"和允许"以功赎罪"的承诺后，于11月7日正式倒向革命一边，为广州和平独立创造了有利条件。

其时，两广总督张鸣岐在粤省是否"和平独立"的问题上，仍然在犹豫、观望。丘逢甲利用自己与张鸣岐的密切私交，多次登门"暗中开导"、"晓以利害"。他对张鸣岐说："大局已无可为，若江道一塞，已无出路矣！"在走投无路的困局下，张鸣岐最终被迫同意脱离清廷而独立。为了不让张鸣岐反复，在他人的建议下，丘逢甲于11月8日亲自出面主持召开了有张鸣岐和满汉及八旗代表参加的咨议局会议（其时，咨议局议长易学清托病闭门不出），作出了即时"宣布独立"的决议，同时推举张鸣岐为都督、龙济光为副都督。次日，广东正式宣告脱离清廷而独立。

广东独立后，张鸣岐慑于革命威力，在宣布独立当晚即偷偷逃往香港，副都督龙济光也因害怕不敢上任。于是，各界代表在咨议局重新开会，推举胡汉民为都督、陈炯明为副都督、黄士龙为参都督，正式成立广东革命军政府。军政府下设军政、司法、外交、教育等办事部门，蒋尊簋为军政部长、王宠惠为司法部长、伍廷芳为外交部长，丘逢甲因策反李准、张鸣岐有功，又擅长教育，被推举为教育部部长。

在革命胜利面前，丘逢甲感到由衷的喜悦。在广东独立的第二天，他特意在报上登广告，声明他本姓"丘"而不姓"邱"，宣告从即日起改回"丘"，并号召所有同宗一律恢复用"丘"。同时，他又以别号"仓海"为名，将旧名"逢甲"弃之不用，以表示和清廷彻底决裂，拥护孙中山先生领导的辛亥革命。他曾高兴地对身边的人说："内渡十七年，无若今日快心者！"并出示自己当年因反对割台五次啮指血书而留下的指瘢说："予固未尝一日忘此痛也！"

广东军政府成立后，军政府首脑和各部负责人中，同盟会员占了绝大多数，可以说牢牢掌握了军政府的实权。但革命党人和军政府内部，不久就出现了各派势力相互倾轧、争权夺利的情况，这让军政府都督胡汉民穷于应付，头疼不已。而丘逢甲因为在军政府内德高望重，又与省城及地方上的各界人士有广泛而友好的私交。因此，"除了本职之外，他还参与各项决策和协调人事的要务"，日夜奔波操劳，调解各种纷争，为巩固广东革命胜利果实发挥出独特作用。其中最为明显的，就是调解陈炯明和黄士龙之间的矛盾纷争。

广东独立时，为防止清廷反扑，军政府着手筹建北伐军。一天，胡汉民召集陈炯明、黄士龙等人开会，商讨北伐事宜。陈炯明在会上支持胡汉民立即出兵北伐的意见，而黄士龙则提出"北伐似非其时"、"不如先固粤"。两人争执不下，加上素有矛盾，最后闹到要拔枪决斗的地步。胡汉民极力劝解，却无济于事，只好请丘逢甲出面调解。丘逢甲既是陈炯明的老师，又是黄士龙的朋友，德高望重。经他一调解，两人算是各自冷静了下来，没有闹出更大的乱子。此后，经过军政府反复讨论和丘逢甲的多方调停，广东军政府最终组成了以丘逢甲的学生姚雨平为总司令、邹鲁为后勤总监的北伐军，并于1911年12月挥师北伐。丘逢甲后来到南京出席会议期间，也对广东北伐军"调护备至"，为之"请炮械、请增援"，"为之向前途各军接洽"，做了许多力所能及的工作。广东北伐军，在当时的北伐部队中装备最为精良，在与清军作战中屡创佳绩，巩固了革命首都南京的安全，也对迫使清帝退位起了加速作用。

1911年11月下旬，独立各省推派代表前往南京，商讨筹组中央政府事宜，并选举临时大总统。丘逢甲与王宠惠、邓宪甫三人被推举为粤省代表，赴南京出席独立各省组建临时中央政府会议。

为赶在1912年元旦前成立临时中央政府，时间紧迫而又经费不足。丘逢甲曾与胡汉民、伍廷芳等人又多方奔走紧急募款，在数日之内募得七十余万银洋，为庆贺典礼的如期举行，解了燃眉之急。在募款期间，丘逢甲在上海第一次谒见了孙中山，孙中山见到他非常高兴，很敬重地说："丘先生在台，建立共和，无人不知，我与你神交二十年，今日获见，大慰平生。"两人共谈国事，十分投机。丘逢甲也盛赞孙先生为不可多得的真正革命者，号召在沪粤籍商人捐款支持孙中山的革命事业。丘逢甲在南京期间，抽空去拜谒了明孝陵，满怀感慨写下数篇诗作，以"中华民族此重兴"、"江山一统都新定"等表达出对辛亥革命以及民主共和、国家统一热烈拥护和深情赞扬。

1911年12月29日，独立十七省的四十六名代表，在南京原江苏省咨议局会场召开会议，决定建立中央临时政府，同时选举孙中山为中华民国临时大总统。由于当时台湾尚未光复，因此丘逢甲实际上是出席此次会议中唯一的台湾省籍代表。中华民国成立后，丘逢甲又被推选为参议院参议员，成为民国成立后第一位台湾省籍议员。

1912年1月1日，中华民国在南京宣告成立，孙中山宣誓就任中华民国临时大总统职，发表《临时大总统就职宣言》和《告全国同胞书》。从此，中国历史揭开了新纪元。

在辛亥革命风起云涌的关键时刻，丘逢甲发挥自己的作用，配合革命党人，为促成广东和平独立作出了贡献。同时，作为粤省的代表，参与了中华民国的创建工作，见证了一个新的时代的到来。丘逢甲满怀信心和期待，迎着新时代的曙光，奋勇前行。

第五章　诗界巨子

诗作丰富　位列巨子

丘逢甲除了是一位抗日保台的爱国志士，致力于教育育才的爱国教育家之外，还是一位才华横溢的爱国诗人。他一生中创作了大量的诗篇，据统计大约有一万余首，很多都是脍炙人口的作品，但是绝大部分诗稿毁于兵火，或散佚各地，现在传世的只有两千多首，仅占其全部作品的五分之一左右，大部分是1895年内渡后的作品，主要收录在《柏庄诗草》和《岭云海日楼诗抄》中。

清末民初以来的许多著名学者、诗人，如梁启超、黄遵宪、丘菽园、吴宓等都曾给予丘逢甲的诗歌以很高的评价。早在20世纪初，梁启超就把他同黄遵宪（公度）并提，将他们一起誉为近代"诗界革命之巨子"，乃"天下健者"。著名诗人柳亚子曾经写诗赞颂道："时流竟说黄公度，英气终输仓海君。战血台澎心未死，寒笳残角海东云。"当代清诗研究专家钱仲联在所著的《近百年诗坛点将录》中，尊黄遵宪和丘逢甲为"统领近代诗坛"的两位"都头领"。这些，都足可说明丘逢甲的诗名之盛。

由于丘逢甲本身才思敏捷，再加上父亲丘元宝在作诗方面对其的耐心引导教育，使得他对诗歌很感兴趣。据说他五岁就能诗，六岁能文，现在能见到的最早的是他八岁时创作的两首七言古诗。对于诗歌创作，他自己也曾经回忆道：

> 弱冠以前，童心未化，词源滚滚，不择地而出，或一日赋万言，一夕成诗百首，人咸诧曰才，亦辄自信曰才；既而悔之、始一出于矜慎而仆兴，即就之作遂稀……

他的诗集主要有《柏庄诗草》和《岭云海日楼诗抄》。《柏庄诗草》是他在台湾时期的作品，存诗二百八十二首。在这些诗作中，洋溢着浓浓的爱国爱乡感情，表达出对台湾和祖国的热爱，揭露出外国列强侵略野心与清廷腐败状况，表现出对国家、民族命运的深切关怀和强烈的忧患意识。《岭云海日楼诗抄》收录的是丘逢甲1895年内渡后存留下来的大部分诗作，收诗一千七百多首。在历经国家危难、乡土沦丧之后，他的感触更深，爱国心、爱乡情更加炽烈，而将这些思想感情融入诗歌创作之中，形成了大量爱国主义的诗作名篇，成为其诗歌思想、艺术成就的突出代表，尤其以怀念台湾和感愤时事之作最为突出，倾诉出台湾沦亡的悲愤，抒发出思念故园的愁情和恢复失土的壮志。他的诗文作品，经整理出版的主要有：

《柏庄诗草》，手稿在内渡时曾遗失，原以为毁于战火，后人亦长期未见。1978年在台湾重新发现，由丘氏后人购得并收藏，现存台湾，多有印行。1986年由中国友谊出版公司（北京）重新校点印行。

《岭云海日楼诗抄》，最初由丘逢甲于1911年春开始按年分册自辑，并嘱好友丘复帮忙校订。1912年，丘逢甲逝世后，诗稿由其弟丘瑞甲、兆甲及丘复共同编辑校订，并定名为《岭云海日楼诗抄》，1913年由粤东编译公司首次刊印，1919年再版。1937年，丘瑞甲将旧版厘定，同时又增加约四百首，作为"选外集"补入，共计十三卷，由丘逢甲门生、时任中山大学校长邹鲁作序，经中山大学三版出版。1982年，上海古籍出版社以此为底本经校点后出版，全书二十五万字。1984年，安徽人民出版社在丘氏后人的协助下，以其手稿为依据，参考各种旧版，将1936年中山大学出版的作了标校和补充，共计十二卷，收诗近一千九百首，并附《选外集》《选外集补遗》《柏庄诗草》《其他诗作》以及传、谱、序、跋、行状等文字，由廖承志先生题签，新版发行。

同时，在1934年，为"以应时需，而振民志"，丘逢甲之子丘念台择《诗抄》中"鼓舞民族精神，阐发国家思想者"，计一百五十题、三百篇，辑为《仓海先生丘公逢甲诗选》，并附上《志》《谱》《怙怀录》等，交上海商务印书馆印行。1947年，邹鲁与丘念台就《诗抄》摘编若干并略加补辑，定名为《丘仓海先生念台诗集》，由南京独立出版社出版。1994年，广州花城出版社出版了由丘晨波先生主编的《丘逢甲文集》，分上下编收入诗歌六百余首，及函电、书信、序跋、日记等四十七篇，共十余万字。2001年，湖南岳麓书社出版了黄志平、丘晨波主编的《丘逢甲集》，该书汇集了迄今为止已发现的全部丘氏诗文作品，总计收诗歌韵文类作品两千五百五十九首，文一百零二篇，并附录若干重要史料，全书六十五万字。

此外，还有丘菽园所辑《蛰庵诗存》（手抄本），收1895年至1900年的诗作约五百首。王晓沧辑《金城唱和集》，收其与王晓沧唱和诗一百五十六首。丘逢甲早年作品《台湾竹枝词百首》，原有诗作百首，现存四十首。唐赞衮辑《澄怀园唱和集》，收其与唐景崧、施士洁等唱和诗。1942年，台湾彰化施梅樵辑《丘、黄二先生遗稿合刊》。余下还有《海天唱和集》（丘菽园编）、《仓海先生集外集》（王国璠辑）、《诗畸》（唐景崧编）、《台湾诗乘》（连横编）、《丘逢甲诗选》（李树政选注）等。

综观丘逢甲现存的两千多首诗作，其题材和思想内容大致有以下几个方面：一是具有鲜明浓烈的"台湾情结"，表达出怀台、念台、决心雪耻复土和强国复台的悲情壮志，这是丘诗最突出的一个特点。二是揭露了列强对中国的大肆入侵及带来的深重灾难，呼吁统治者、号召国人认清形势，救亡图存。三是针砭时弊，揭露清廷的昏庸腐败，抨击吏治的黑暗暴虐以及权奸显贵的卖国求荣。四是悼古伤今，追念先贤，呼吁传承和弘扬中华民族的优秀传统，注重任用贤能、改革弊政、励精图治，重现中华民族的伟大复兴。五是同情人民大众的疾苦，探究社会病根，由支持维新变法到讴歌民主革命。六是吟咏自然、怀歌山水，表达对祖国壮丽山川与故乡的无限赞美和热爱。

丘逢甲这些诗歌，内容健康清新，诗风苍凉悲壮，更重要的是始终贯穿着爱国主义的精神主线。诗作真实描述了19世纪末、20世纪初近代中国社会的时代风云，反映出中华民族与列强之间的尖锐矛盾，抒发了台湾人民爱国爱乡、致力于谋求祖国统一富强的悲壮情怀，揭露了清末吏治的暴虐腐败和社会现实的黑暗丑恶，描绘了祖国大好河山的无比壮丽，人民大众的勤劳质朴……尤其是浓烈的爱国爱乡情感，今天读起来仍然具有强烈的感染力，对于凝聚海峡两岸同胞的民族感情、促进祖国和平统一大业的实现，具有积极的教育和引导作用。

总之，丘逢甲的诗歌在中国近代文学史上占有一席重要地位，位列"诗界革命之巨子"是当之无愧的。而他的诗作也经常被人吟咏传唱，成为激励人们不断前进的精神源泉，也足见后人没有忘记他。在大力树立和培育社会主义核心价值观的今天，每一个中国人都应该努力继承和弘扬丘逢甲这种爱国爱乡的精神，使之服务于社会主义精神文明建设，为促进海峡两岸的和平统一，实现中华民族伟大复兴的中国梦发挥出更大作用。

诗界旗帜 引人奋进

甲午战败后，资产阶级维新运动在我国广泛开展起来，并向文学领域延伸。约1896年至1897年间，资产阶级维新派倡导诗歌改革运动，掀起了"诗界革命"的潮流。"诗界革命"作为一个进步的文学思潮，主张在诗歌创作的内容和方法上实行改革，要求能以"旧风格含新意境"，表现新思想、新事物，容纳新词汇，从而使诗歌为维新运动服务。虽然"诗界革命"最终没有完全突破旧诗形式的束缚，实现诗体的真正解放，但是在创作方向及内容等重要方面对我国旧的诗歌传统进行了改革，对当时的诗歌创作产生了很大的影响，对于文化和文学方面的广泛启蒙和反帝反封建具有积极的作用。

在"诗界革命"中，涌现出一批新派诗人。这些新派诗人的旗帜和主将首先当推黄遵宪，而丘逢甲则也是这场革命中的重要代表人物和一面旗帜。丘逢甲不仅留下大量的诗歌作品，而且很多诗作中，都洋溢着浓烈的爱国爱乡感情，浸润着包括他在内的台湾人民的辛酸血泪，反映了近代社会生活的巨大变化，表达出要求革新自救、复兴中华的宝贵思想和谋求祖国统一富强的强烈愿望。他的这些诗作，都是有为而作，郁积勃发，情胜于辞、气胜于辞，在清末诗坛中异军突起，峤然独秀。因此，众多的学者和诗人都充分肯定他在近代"诗界革命"中的地位。"诗界革命"的主将黄遵宪在给梁启超的书信中称："此君诗真天下健者也。"著名学者钱仲联在其《近百年诗坛点将录》中，十分形象贴切地为近代著名诗人"排座次"，将他和黄遵宪喻为"诗坛都头领二员"："天魁星呼保义宋江（黄遵宪）""天罡星玉麒麟卢俊义（丘逢甲）"。他说："黄遵宪为晚清诗界革命之魁杰"，而丘逢甲"是亦诗界革命之魁矣"。近代著名学者、"一代宗师"梁启超更是给丘诗以极高的评价，他说：

欲为诗界之哥伦布、玛赛郎，不可不备三长：第一要新意境；第二要新语句；而又须以古人之风格入之，然后成其为诗……若三者俱备，则可以为二十世纪支那之诗王矣……时彦中能为诗人之诗而锐意欲造新国者，莫如黄公度（遵宪）……丘仓海《题兰史独立图》云："黄人尚昧合群理，诗界差存自主权"，对句可谓三长俱备。

梁启超又说：

吾尝推公度（黄遵宪）、穗卿（夏曾佑）、观云（蒋智由）

155

为近世诗家三杰，此言其理想之深邃闳远也。若以诗人之诗论，则丘仓海（逢甲）其亦天下健者矣。尝记其《己亥秋感》八首之一云："遗偈争谈黄蘖禅，荒唐说饼更青田。戴鳌岂应迁都兆，逐鹿休讹厄运年。心痛上阳真画地，眼惊太白果经天。只愁谶纬非虚语，落日西风意惘然。"盖以民间流行最俗最不经之语入诗，而能雅驯温厚乃尔，得不谓诗界革命一巨子耶？

由此可见，丘逢甲在"诗界革命"中的地位，是受到广泛肯定和赞扬的。

他的诗歌之所以能成为诗界的一面旗帜，而又引起无数人的共鸣和奋进，一方面在于其诗作贴近时代、贴近生活，具有浓烈的爱国爱乡情感。他的一生经历坎坷，尤其以故乡台湾的被割弃最为心痛，国仇家恨时时激荡于胸中，诗歌中表达最多的也是乡土沦丧的悲情意识和切肤之痛。但是，他的感情与视野并没有局限于台湾一地，而是将目光投向整个中华大地，将台湾的命运与谋求祖国的统一、富强和进步紧密联系起来。正如他在《月夜与季十饮萧氏台》中说："我亦思乡更忧国，倚栏同看夜潮生。"正是这种把台湾的前途与整个国家民族的命运紧密联系起来思考的思想情怀，才使他能在故乡沦陷、身世飘零的哀痛中抬起头来，从祖国的历史和现实中去寻找民族精神的光亮，努力探索中华民族的光辉未来。他创作的众多爱国爱乡诗篇中，都注重反映时代内容，注重吸收新思想、新知识，注重关注普通大众的生活，因而具有很强的时代感和明快的生活气息，气壮而志奋、情真而意切，更容易拉近与他人的距离，从而得到更大的关注。

另一方面，丘逢甲的诗作具有悲壮雄健、沉郁苍凉、英气过人的风格。悲情意识更能够引起他人的关注和共鸣。丘逢甲自幼负报国大志，青壮年时期更亲历了抗日保台的生死洗礼，备受亡国丧家之痛；内渡后，秉性刚直的他又饱受"凉情热趣"之苦，这种独特的人生际遇和心理感受，既陶冶了他的思想意志，也锤炼出了他特有的诗歌风格：苍凉跌宕、雄直豪放，充满英雄气概和特有的悲壮美。他的好友丘菽园曾说："吾家仙根（逢甲）工悲歌，铁骑突出挥金戈。短衣日暮南山阿，郁勃谁当醉尉呵。"后人在评价他的诗歌时也说："诗本其夙昔所长，数十年来复颠顿于人事世故，家国沧桑之余，皆足以锻炼而淬砺之。其为诗苍凉慷慨，有渔阳参挝之声，又如飞兔马裹绝足奔放。平日执干戈、卫社稷之气概，皆腾跃纸上。故诗人之名，震动一时。"正是他的这些爱国爱乡的感人诗作，既悲且壮，郁勃激越之情强劲炽烈，慷慨淋漓，读后催人泪下，却又给人以精神上的振奋和激励。如他在1895年所作的《离台诗》之五中说：

英雄退步即神仙，火气消除道德编。

我不神仙聊剑侠，仇头斩尽再升天。

诗句激扬奋厉、悲壮酣畅，充满悲痛却又满带力量，读起来让人荡气回肠，不觉之中集聚了奋斗的力量。

同时，丘逢甲作为一位民族意识强烈、文化修养深厚及生活阅历丰富的爱国者，在诗歌的创作上也有比较明确独到的思想，这也是他成为"诗界革命之巨子"的一个重要原因。

一是主张诗歌创作要百花齐放、百家争鸣。诗歌创作要不拘一格，不能独尊一家，各种风格和流派应当共存并荣，相互学习，取长补短，共同发展。创作题材也要不断开拓，要放眼看世界，反映丰富多彩的社会生活，为革新图强服务，做到"直开前古不到境，笔力横绝东西球"（《说剑堂集题词为独立山人作》）。这样，诗歌创作才能万流竞放，不断繁荣发展。

二是主张诗歌创作要"诗中有我"，博采众长。诗歌创作首先要有感而发，要有个人的真挚思想感情，这样创作出来的诗歌才"贵真"，才有诗人自己的个性与风格。他曾在给丘菽园的信中说："自三百篇以至本朝诗，其可传者，无论家数大小，皆有真气者也。诗之真者，诗中有人在焉。弟诗不可谓工，但不肯作假诗耳。"同时，要吸收融合古今中外各家各派的创作技巧，以此来表达从现实生活中得来的诗情和深刻的思想见解，推陈出新，这样诗作内容才能充实丰富，并且能够娴熟、生动地表现出来。正如他在《寄答陈梦石即题其东溪吟草》中所说："诗无古今真为贵，学有中西汇乃通。君自运筹并运笔，一时双管下春风。"

三是主张诗歌创作要重视其目的性和思想性。他认为，诗歌创作不仅要遵循艺术创作的内在规律，更要发挥其社会功能，承担起教化民众、改善政事的责任和义务，不能无病呻吟。他曾在《题沧海遗民〈台阳诗话〉》中说："乱云残岛开诗境，落日荒原泣鬼燐"；"请将风雅传忠义，斑管重回故国春。"这表明了他强调诗歌创作的思想性和目的性。因此，他也一直以诗歌反映台湾人民可歌可泣的抗敌斗争，表达出台湾人民爱国爱乡、保家卫国的忠肝义胆，创作出无数鼓舞人心、激励人不断奋起的诗作，展示出诗歌创作的社会教育教化价值。

总之，丘逢甲的诗歌闪耀着他那个时代的思想光辉，显示了"诗界革命"的实绩，推动了近代诗歌的发展，对维新变法运动和民主革命运动都曾起过积极的影响，不愧为我国近代一位杰出的爱国诗人。诚如俄国的别林斯基说的那样："任何伟大诗人之所以伟大，是因为他们的痛苦和幸福的根子深深地伸进了社会和历史的土壤里。因为他是社会、时代、人类的器官和代表。"丘逢甲能够成为"诗界革命之巨子"，成为引导民众前进的一面旗帜，原因也在这里吧！

诗情浓烈　爱国爱乡

丘逢甲现存的诗作主要来自于他的诗集《柏庄诗草》和《岭云海日楼诗抄》，前者是他在台湾时的作品，后者是其内渡后十七年中的作品。在众多的诗作当中，无不饱含了对祖国、家乡的深情吟咏，而这种浓烈的爱国爱乡情感，又更加倾向于浓烈而鲜明的"台湾情结"，这在内渡后十七年的诗作中表现尤为明显。

《岭云海日楼诗抄》中的诗作，不论是书怀、赠答、旅游的，还是怀古、送别的，都贯穿着咏台、怆台、怀台、念台、决心雪耻复土和强国复台的深邃情感，动人心弦，催人泪下，这是其他任何怀台诗文作品都无法比拟的，更展示出其文化价值所在。丘逢甲诗作的"台湾情结"，是中华文化一脉相承的重要内容和重要体现，也让他在中国近代诗坛上占据了独特的地位。

需要指出的是，丘逢甲诗作中的"台湾情结"，不等同于二十世纪七八十年代台湾本土作家所宣扬的狭隘的"乡土意识"或"台湾意识"，而是中华文化中真挚的爱国意识的具体表现。近代以来，台湾同胞所遭受的苦难，与中国大陆同胞的历史命运基本上是相同的。更重要的是，台湾的文化更发端于中国大陆，与大陆同根、同宗、同祖、同血缘、同语言、同文字、同文化，甚至连感知外部世界的思维方式和评价社会道德伦理的价值取向都基本一致，这决定了他在诗中表现的"台湾情结"是完全属于中华民族的意识范畴的，是没有脱离中华文化的母体的。

（一）丘逢甲诗作的"台湾情结"，体现出中华文化重乡土、崇祖先的观念。安土重迁是中国人的传统习惯。尽管丘逢甲的先祖属于内地迁台者，但是到丘逢甲时已经历经四代、一百年的时光了，他早已将台湾视作自己的故乡，台湾的一山一水、一草一木以及生活所系，早已化为无法割舍的乡土情结。因此，他无时无刻不在表达对家乡台湾的感知、忧思和关注。如1895年内渡之初所作《潮州舟次》："九秋急警传风鹤，万里愁痕过雪鸿。独倚柁楼无限恨，故山回首乱云中。"1898年所作《对月书感》之一："明月出沧海，我家沧海东。独怜今夜见，犹与故乡同。丧乱山河改，流亡邑里空。相思只垂泪，顾影愧归鸿。"在远离故乡台湾的每时每刻，目睹他乡的风景，都会触景生情，不禁乡愁滚滚。看到春天来临时，莺歌燕舞，他会感觉到："新年莺燕他乡感，落日鲸鲵故国情。"（1899年《春感次许蕴伯大令韵》）看见秋雁飞过，他会想到："雁与人同去，雁归人未归。剧怜沧海阔，独傍故山飞。"（1896年《见雁》）每当佳节来临之际，他更是思念家乡台湾，几近成病。如1898年《元夕无月》之二："三年此夕月无光，明月多应在故乡。欲向海天寻月去，五更飞梦渡鲲洋。"远走他国，他会乡愁满腹，如1900年《西贡杂诗》之八："吾乡大令昔生还，风土蛮荒记最娴。江上愁吟香祖句，不堪回首念家山。"他甚至是日有所思、夜有所梦："故人消息隔乡关，花发春城客思闲。一纸平安天外信，三年梦寐海中山"（1898年《得颂臣台湾书却寄》）；"不知成异域，夜夜

161

梦台湾"（1896年《往事》）。这些，都可以看出丘逢甲对故乡台湾的思念是刻骨铭心的。

（二）丘逢甲诗作的"台湾情结"，体现出中华文化的大一统观念。自秦始皇统一中国以来，大一统的观念深入中国人心。因此，丘逢甲的诗中也是频频表露出对统一的坚守和渴望，这种感受在割台内渡之后更为明显。如1898年《十四夜月》："山河终一统，留影大瀛东。"1896年，他的好友谢道隆返回台湾时，其在《送颂臣之台湾》之七中说："王气中原在，英雄识所归。为言乡父老，须记汉官仪。"他以汉官仪寄语故乡同胞，不要忘了中华民族一直传承下来的统一观念。1898年元旦在《日蚀诗》中说："要须中国圣人出，前驱麒麟后凤凰。大九州成大一统，万法并灭宗素王。四天下皆共一日，永无薄蚀无灾伤。"1900年元旦在《元旦试笔》中又说："大九州当大一统，书生原有觉民权。待将宣圣麟书笔，遍布王春海外天。"表达出对中国重新实现统一的热切期望。辛亥革命成功后，他在1912年《谒明孝陵》中由衷地呼喊道："郁郁钟山紫气腾，中华民族此重兴。江山一统都新定，大纛鸣笳谒孝陵。"可以看出他在看到统一的希望之后异常激动的心情。

（三）丘逢甲诗作的"台湾情结"，体现出中华文化家国一体的观念。家国一体、家国情怀数千年来一直根植于中国社会当中，成为一个重要的思想文化观念。家族是家庭的扩大，国家是家族的扩大和延伸。在"家庭－家族－国家"这种家国同构的格局下，家是小国，国是大家。没有小国，也不成大家；没有大家，小国也将无存。因此，形成对于家国一体的高度认同感、归属感、责任感和使命感。丘逢甲家族迁台百年来，一直与其他迁台民众以及台湾原住民参与台湾的开发建设，台湾已经成为他难以割舍的家。所以，台湾被割让之际，丘逢甲义愤填膺，登高一呼，毁家纾难，全台绅民舍命赴难，纷纷拼死抗日保台，保卫家园不受侵略，守护家乡不离祖国。他在1896年《重送颂臣》中说道："恻恻重恻恻，行人适异域。华夷忽异地，何处为乡国？"这里的乡国，即是集地缘、血缘、文化于一体的家国。随后他又说："书生忽戎装，誓保台南北。当时好意气，灭虏期可刻。何期汉公卿，师古多让德。忽行割地议，志士气为塞。刺血三上书，呼天不得直。"表达出他保家卫国的豪迈气概和对宰割家国者的巨大痛恨。他在1895年内渡之前写的《离台诗》之一："宰相有权能割地，孤臣无力可回天！扁舟去作鸱夷子，回首河山意黯然。"也是如此，表达出对失乡离土的巨大悲痛和对李鸿章割台卖国的强烈不满。他也自署"海东遗民"，在内渡后的十七年里以"遗民"作诗痛哭台湾，如1896年《梅州喜晤梁辑五光禄（国瑞）话旧》之二："当君读礼归田日，是我哀歌渡海年。一副千秋家国泪，不堪齐洒岭云边。"1906年《海上逢故识伎》："儿女英雄海上缘，东风吹散化春烟。相逢欲洒青衫泪，已割台湾十二年。"这些诗作，无不是这种家国一体观念的体现。

（四）丘逢甲诗作的"台湾情结"，体现出中华文化坚韧不拔、舍我其谁的精神。丘逢甲尽管只是一介书生，但是在他的身上，却很好地表现了中华文化坚韧不拔、舍我其谁的精神。他在仓促内渡时，所作的《离台诗》之三就呼喊出了卷土重来之志："卷土重来未可知，江山亦要伟人持。成名竖子知多少，海上谁来建义旗？"在1907年左右所作的《再叠前韵》中，再次唱响了光复台湾的战歌："年年乡梦阻归鞍，恨不随风化羽翰。卷土重来心未已，移山自信事非难。雨余玕瑁潮初落，月下珊瑚岛渐宽。地老天荒留此誓，义旗东指战云寒。"1900年他在《饮新加坡觞咏楼次菽园韵》之四中说道："力收墨雨卷欧风，余事当筵顾曲工。谁遣拿破仑再出，从来岛上有英雄。"在1901年所作《岁暮感怀次感春韵》之四中说道："曾从《剑侠传》中来，十万戈船梦里开。把酒寒斋逢故部，海东残岛话奇莱。"表明他时刻没有忘记身上的使命和责任，甚至在梦里都在为雪耻复土而努力。丘逢甲在内渡后反复咏志，他以"念台"标榜自己的居室，并作为儿子丘琮的字，1896年他在《送颂臣之台湾》中又申明自己的雪耻复土之志："亲友如相问，吾庐榜念台。全输非定局，已溺有燃灰。弃地原非策，呼天傥见哀。十年如未死，卷土定重来。"他甚至以自己尊崇的郑成功自比、自励，其在《有感书赠义军旧书记》中说："谁能赤手斩长鲸？不愧英雄传里名。撑起东南天半壁，人间还有郑延平。"1900年他所作的《林毫云郎中（鹤年）寄题蚝墩忠迹诗册追忆旧事次韵遥答》之四中说道："英雄愧说郑延平，目断残山一角青。何日天戈竟东指，誓师海上更留铭。"更表达出他在光复台湾的事业上，舍我其谁的气魄和精神。

（五）丘逢甲诗作的"台湾情结"，体现出中华文化反抗外来侵略的光荣传统。中华民族有着反抗外来侵略的光荣传统。明清以来，随着西方殖民者的不断东来，先烈们为了捍卫国家的主权和领土完整，抛头颅、洒热血，谱写出一曲曲壮美的英雄诗篇。郑成功就是其中之一，而丘逢甲更是深受其影响。在1895年割台之际，他最先举起抗日保台的大旗，在台湾人民反抗日本入侵的历史上留下了浓墨重彩的一笔。而在他的诗作中，对于呼吁清廷和众人警惕西方殖民者觊觎中国的狼子野心，以及奋起反抗外来侵略亦有很多的反映。如1894年所作的《台北秋感》之三："压城海气昼成阴，洋舶时量港浅深。蛇足谈功诸将略，牛皮借地狨夷心。开荒有客夸投策，感旧无番议采金。我正悲歌同宋玉，登临聊学楚人吟。"表达出他警醒台人要以史为鉴，高度警惕列强的侵略阴谋。其在1898年所作的《题康步崖中翰咏出塞集》中说："九边烽火迫金台，客唱新添塞上哀。更筑长城防不得，鹭章南下老羌来。"道出了沙俄在甲午战争后，列强掀起瓜分中国的狂潮之际，对我国北方的疯狂侵略。1900年在他所作的《林毫云郎中（鹤年）寄题蚝墩忠迹诗册追忆旧事次韵遥答》之三："当时痛哭割台湾，未肯金牌奉诏还。仓葛哀呼竟何补？全军难保武峦山。"则表达了自己率领义军浴血抗击日军入侵的悲壮情景。这些诗作，反映出了近代中华民族和帝国主义之间的尖锐矛盾，表达出了中国人民对外来侵略的愤恨和抗争。

总之，丘逢甲在他的诗作中表达出强烈的爱国爱乡情感。爱乡，是他爱国思想具体体现；爱国，则是他爱乡感情的升华和发展。他以"台湾情结"表现出强烈的爱国精神，唱出了时代之声。也由于他将自己的思想感情植根于中华民族、中华文化的深厚土壤之中，因而他的诗作真正表达出了台湾人民的心声，更抒发出强烈的爱国爱乡情感，这也正是他诗作的文学价值和文化意义所在。

第六章 名在两岸

遗恨大陆 心念台湾

中华民国成立后，丘逢甲由于多年为国事四处奔波，劳瘁过度，肺病旧疾突发，吐血不止，在1912年1月下旬不得不请假扶病南归。当他途经厦门，听说福建局势不稳，十分担心，扶病电劝福建都督，指出："革命扫除满清秕政，若一切仍旧，安用铁血为？""民国新造，断非一、二人专制可以成功。"表明他仍旧十分关心国事，投身革命洪流，为建立崭新的资产阶级民主共和制度而奋斗。

抵达潮州时，他接到了被推举为临时参议院参议员的来电，但此时丘逢甲的病势已十分严重，不得不急返镇平调养。2月上旬，他终于回到广东镇平淡定村居所，起初还在安静治疗之中，但几天过后病情突然恶化，时而清醒、时而昏睡、呻吟不止、呓语不停，已是奄奄一息，但他仍念念不忘国家民族

丘逢甲故居的丘逢甲雕像

大事，呓语所言"皆民国大局安危之计，并未言及家事"。他曾在昏睡中突然清醒过来，向家人询问时局情况，当他听说清帝已经退位、南北统一达成协议时，便露出欣喜之色；当听到孙中山将大总统之位让于袁世凯时，便蹙眉敛容，担忧地说："孙先生上了袁世凯的当，从此国家多事矣！袁氏是一个老奸巨猾的人，将来必然不忠于民国。孙先生怎能和他合作呢？"说完，又沉沉睡去。已是病魔缠身的丘逢甲，此时仍然不忘国事，其爱国之心昭然可见。

1912年2月25日，正是新春佳节期间，丘逢甲的生命终于走到了尽头，在弥留之际，他嘱咐家人道："葬须南向，吾不忘台湾也！"所言情真意切，悲壮感人。说完便停止了呼吸，溘然长逝，年仅四十八岁。直到生命的最后一息，他依然深深思念着故乡台湾。但是，自他1895年内渡之后，再也没能返回故乡台湾，当年的悲痛之别却也成了永久的遗憾，只能以南向埋葬永久守望故乡台湾了，那种伤感之情，令人动容落泪。

早在1911年初，丘逢甲的父亲丘元宝去世的时候，长兄丘先甲携子以及其他亲人从台湾返乡奔丧。之后，在送兄长、侄子及乡亲回台湾的码头上，丘元宝的一位朋友的"兰圃老伯"向丘逢甲索诗，丘逢甲匆忙之中随手在侄子的课本上写下一首诗：

万事都应付酒杯，

眼见云合又云开。

中天月色雨余好，

大海潮声风送来。

人物只今思故国，

江山从古属雄才。

漂零剩有乡心在，

夜半骑鲸梦渡台！

丘逢甲在父亲离世，兄长、侄子等远道而来相聚而又匆匆返归台湾，在码头行将分别之际，面对海风呜咽、冬雨凄冷，更是心生几分离家的伤感和遗憾。"漂零剩有乡心在，夜半骑鲸梦渡台！"在外漂泊近十七年，只剩下一颗眷念故乡的心。故乡不知道何时能够回去，或许永远也回不去了，只是在梦里飞渡海峡，回到日夜思念的故乡。那种思念故乡的离愁是多么的伤痛，让人不禁扼腕。

4月2日，丘逢甲的亲属遵照他的遗愿，将其南向安葬在祖居地印山村之原。出殡时，为丘逢甲"执绋而哭者数千人"。

丘逢甲病逝的噩耗传出之后，南北为之哀悼。在广州的台湾同胞"哭之尤恸"，联名敬送挽联曰：

忆当年，祸水滔天，空拼九死余生，只手难支新建国；

痛今日，大星坠地，只剩二三遗老，北面同哭故将军。

其联情真意切，催人泪下，寄托了广大台湾同胞对丘逢甲这位杰出的爱国者的无限哀思！

丘逢甲的英年早逝，是辛亥革命的一个损失，也是我国近代诗坛的一大损失。但是，他的爱国爱乡精神和业绩，却长存世间，永励后人。

精神长存 扬名两岸

丘逢甲尽管只走过了短短四十八岁的时光，但是他的一生是爱国爱乡的，一直在为国家民族的团结统一奔走呼号，是一位永远值得后辈学习的热情爱国志士。他作为一个教育家和爱国诗人，其提出的教育思想和诗歌中饱含的浓烈情感，是值得后辈珍视的。丘逢甲是当之无愧的近代中华民族和中华文化的优秀人物和杰出代表，他的精神也将伴随中华民族的发展永远存留下去。

面对国家危难、乡土沦丧，而立之年的丘逢甲愤然而起，以一介书生毅然投笔从戎，以满腔热血、不畏生死担当起保家卫国的重担，表现出真挚而热烈的反对外国侵略、捍卫国家主权、保卫祖国领土完整的爱国爱乡精神。如今，他的爱国爱乡精神已为海峡两岸的后辈人所珍视和传承，成为了凝聚两岸中华民族感情、促进两岸和平统一的精神纽带，更成为了反对"台独"势力的有力武器。

丘逢甲内渡后的十七年里，身体力行倡办新式教育，先后兴办或劝办新式学堂百余所，促进了新式教育的发展，培养了大批革命人才。这些学校，如今都已成为省、市一级学校，依旧在为国家的振兴培养人才，传承和弘扬着他教育兴国的爱国精神。在台湾，台湾人民为纪念这位抗日保台英雄，创办了逢甲大学，这是台湾少有的几所以人名命名的大学，更是传承和弘扬他爱国爱乡精神和教育兴国思想的最好体现。

2014年是丘逢甲先生诞辰一百五十周年。一直以来，海峡两岸都没有忘记这位爱国先贤，以各种方式传承和弘扬他崇高的民族气节和爱国精神。在大陆，有丘逢甲故居、逢甲学校、逢甲大桥、丘逢甲陈列室、丘逢甲纪念亭和纪念塑像。1983年，广东省人民政府拨款重修了丘逢甲墓，将其故乡淡定村改为逢甲村，其故居"培远堂"确定为全国重点文物保护单位，成为进行爱国主义教育、祈求祖国和平统一的重要基地。在台湾，也有逢甲大学、逢甲医院、逢甲纪念亭和逢甲塑像。1962年，在台北市一家公园内建立了仓海亭，国民党元老于右任题写亭联："耿耿孤忠，民族复兴斗士；铮铮大笔，诗坛崛起人豪。""仓海亭"与公园内纪念郑成功的"大木亭"交相辉映。台湾丰原市的纪念公园里，还建有"先贤丘逢甲誓师抗日碑"。

同时，丘逢甲的诗文也被海峡两岸的后辈人广泛搜集和整理出版。据所见资料记载，至今海峡两岸出版的丘逢甲诗文集已有三十多种，《丘逢甲集》收录了迄今发现的全部丘氏诗文作品，包括诗歌韵文类作品两千五百五十九首，其他文章一百零二篇，

逢甲大学

达六十五万字。这些光辉文献，成为我们今天学习和研究他一生的弥足珍贵史料，更是传承和弘扬他爱国爱乡精神的文字之源。海峡两岸学术界关于丘逢甲的研究论著和文章更是达到数百种（篇）之多，召开数次有关丘逢甲的学术研讨会，可见海峡两岸都十分关注和珍视丘逢甲爱国爱乡的光辉一生。

2004年，时任国务院总理温家宝在中外记者招待会上引用了丘逢甲在1896年写的诗《春愁》："春愁难遣强看山，往事惊心泪欲潸。四百万人同一哭，去年今日割台湾。"其情深意切，更是真挚表达出海峡两岸人民对丘逢甲的深深怀念。

总之，在海峡两岸联系日益密切的今天，作为同根、同宗、同祖、同血缘、同语言、同文字、同文化的中华儿女，都有责任传承和弘扬丘逢甲等先贤维护国家主权和领土完整的宝贵精神和可敬气概，坚决反对任何形式的"台独"，为促进两岸和平统一贡献力量。

丘逢甲先生的英名和爱国爱乡精神与中国历史共存！

参考文献

1. 广东丘逢甲研究会编，黄志平、丘晨波主编：《丘逢甲集》，长沙：岳麓书社，2001年。

2. 连横：《台湾通史》，上海：华东师范大学出版社，2006年。

3. （清）王彦威：《清季外交史料选辑》，古代文献资料在线阅读—凡人大传殆知阁藏书：http://wenxian.fanren8.com/06/03/71/。

4. 徐博东、黄志平：《丘逢甲传》，北京：九州出版社，2011年。

5. 丘铸昌：《丘逢甲评传》，广州：广东人民出版社，1987年。

6. 李侃、龚书铎等：中国近代史（第四版），北京：中华书局，2003年。

7. 郑师渠主编：《中国近代史》（第二版），北京：北京师范大学出版社，2007年。

8. 蒋廷黻：《中国近代史》，长沙：岳麓书社，1999年。

9. 张海鹏、陶文钊主编：《台湾简史》，南京：凤凰出版社，2010年。

10. 安然：《台湾民众抗日史》，北京：台海出版社，2003年。

11. 中华全国台湾同胞联谊会：《台湾同胞抗日50年纪实》，北京：中国妇女出版社，1998年。

12. 戚嘉林：《台湾史》，海口：海南出版社，2011年。

13. 张承钧、陈启刚：《誓不臣倭》，北京：台海出版社，2002年。

14. 李树政：《丘逢甲诗选》，广州：广东人民出版社，1984年。

后记

　　《丘逢甲传》这本书，从开始收集材料到撰写成书，历时两个半月。当写完所有的篇章时，全身顿感一阵轻松，激动之余亦是感慨良多。

　　7月下旬，我接到大学同学李岳的电话，意思是北京时代华文书局计划出版一套"中国人格读库"大型丛书，人物部分要求写我国近代以来一些爱国、反帝英雄人物的事迹，问我有没有时间和兴趣写一个人物传记。尽管时间很紧，也从来没有这方面的经历，但我还是当即应承下来，一则看自己能否静下心来撰写大篇幅的文字，二则也通过此锻炼一下写作能力，为以后成为"语词工作者"夯实基础。后来，在网上看到老家一些学子因为家庭贫困等原因而上学十分艰难的报道时，我又希望能以此捐资助学，感谢社会热心人士以往对我的帮助，稍尽些感恩回报之心。因此，我更觉得这项工作的意义重大，更决心全力以赴完成这项任务。

最终选择丘逢甲，原因也在于自己学习历史出身，对其有一定的了解，更重要的是与现在从事的工作多少有些联系，想通过他加深对台湾的了解，为做好对台工作提供更充足的历史文化知识。

　　为了写好这本书，我在工作之余通过从书店、单位的图书室以及网络搜集尽可能多的资料，并加紧时间阅读丘逢甲的相关传记，列出提纲。本书分为六章，从成长成才、抗日保台、兴教强国、转向革命、诗界巨子等几个方面反映丘逢甲爱国爱乡的一生，尤其着重反映他在抗日保台、兴办教育等方面的斐然成绩。

　　在撰写的过程中，我真正切身体会到写作是一件非常辛苦的事情，尤其是在时间很紧张的时候更是如此。那时候的体会，我自己曾编了一首小诗："掩卷似有意，提笔又乱神。夜夜梦一人，何得十万心！"我担心"字字何表家国情"，怕达不到写作的要求，而看着交稿的时间一天天迫近，焦急之中又"夜夜梦里写秉渊"。甚至还因此而急火攻心，偶感风寒便高烧得稀里糊涂，还好以自信、乐观和"行胜于思"的坚持成功应对了这当中的所有艰难。

　　为了在一个好的环境中完成撰写工作，我经常混迹于北京师范大学教八楼，与那些认真学习的学子一样，一字一句地在电脑上敲着，在字里行间表达我对丘逢甲先生的崇敬感情。劳累之际，到楼外小憩，思索着北京师范大学"学为人师，行为世范"

的校训，听着《似是故人来》的旋律："断肠字点点，风雨声连连，似是故人来。"我似乎看到了丘逢甲满怀悲愤在抗日保台的过程中用血泪写就断肠文字，每时每刻都在风雨连连中抗击日寇的侵略，不惧生死、毫无怨言。那种场景，浮想起来是尤为感人的。这么一个故人，如今向我走来，让我感受到其中"师"和"范"的力量所在，也让我更有信心坚持写下去。

更让我惊奇的是，2014年6月赴台湾出差时，有幸看到了逢甲大学，虽然没有走进校园，但是现在回想起来，是让我多少有些惊诧的。看来我们注定有割不断的联系和情感。而且巧合的是，2014年恰逢丘逢甲诞辰一百五十周年，我想能够撰写这篇传记，也是对他最好的纪念！

在此，要感谢每一位关心我写作的亲朋好友以及同学，是大家的支持，也让我更有动力坚持下去。要感谢时代华文书局和李岳同学给了我这么一个展示的机会，更要感谢挚友李婧姐提出帮助我搜集、整理资料并在百忙之中连夜助我校稿，所有这一切让我感动不已，更感受到这个世界，并不是我一个人在战斗！

最后，更要感谢那些整理、编辑和撰写出丘逢甲先生的诗文集和研究著述的前辈们，在写作的过程中参考了大量的资料，在此不一一列举了，谨致以最诚挚的感谢！

由于时间、条件有限，若有疏漏和不妥之处，敬请批评指正。

丘逢甲年谱

1864年　出生

12月26日，丘逢甲生于台湾省苗栗县，父亲丘元宝，母亲陈氏。

1867年　4岁

丘逢甲随父亲李氏家塾中读书、习字。丘元宝亲自授课，启发他的心智，培养他的学习兴趣。

1877年　14岁

丘逢甲赴台南参加童子试，获全台第一，受福建巡抚兼学台丁日昌注意，连称"奇童"，特赠"东宁才子"印一方，由此闻名全台。

1887年　24岁

丘逢甲入台湾兵备道唐景崧幕府，帖拜唐为师，对台湾风雨飘摇的局势有了更深刻的体会。

1888年　25岁

丘逢甲参加乡试，中试为举人。

1889年　26岁

春，赴京参加会试进士，中进士，钦点工部虞衡司主事。但他却无意仕途，辞归故乡，专意养士讲学，任台南崇文书院主讲，后又于台湾的台南和嘉义教育新学。

1892年　29岁

《台湾通志》总局正式开设，丘逢甲被聘为采访师，负责采访、补辑乡土故实，因此有较多机会深入民间，了解社会民情。

1894年　31岁

中日甲午战争爆发后，丘逢甲筹建义军并率领台湾民众抗日保台。

1895年　32岁

听闻清政府签订《马关条约》，丘逢甲给清廷写"三上血书"，要求废除条约。被朝廷拒后，他挺身而出，高举义旗，力谋自主自救，亲率义军与日寇浴血奋战，终因敌我力量悬殊，弹尽援绝，抗争失败。无奈之下，他挥泪离台内渡，定居祖籍蕉岭县文福镇淡定村（即现在逢甲村）。

1896年　33岁

4月17日，他写下了《春愁》，道出内心愁苦和愤懑："春愁难遣强看山，往事惊心泪欲潸。四百万人同一哭，去年今日割台湾。"

此后几年，他顺应时代潮流，从赞同维新保皇逐渐倾向革命，掩护同盟会员的反清活动，致力于兴办学校，推行新学。

1898年　35岁

丘逢甲作诗多首对维新志士献身变法运动、图强救国的壮举给予了很高的赞誉。

1899年　36岁

春夏之际，丘逢甲继续在潮阳东山书院任教，同时受聘兼任澄海景韩书院主讲。

1903年　40岁

丘逢甲被辛亥革命元老中国现代教育奠基人何子渊等人创办的兴民学堂聘为首任校长。

1906年　43岁

丘逢甲被两广总督岑春煊礼聘为两广学务公所议绅和惠、潮、嘉视学员，兼任广府（广州）中学堂监督。

11月，丘逢甲被选举为广东教育总会会长。

1907年　44岁

丘逢甲利用职务之便，保护岭东同文学堂的革命党人。

1909年　45岁

10月，广东咨议局成立，丘逢甲被推选为副议长，他的诸多提案推动了广东教育事业的振兴。

1910年　46岁

丘逢甲在粤省咨议局内联合一批进步议员，以坚决的态度和果断的手段，迫使粤省当局作出妥协和让步，最终通过了禁赌议案，在粤省全面禁赌。

丘逢甲利用自己的社会地位保护秘密参与广州新军起义的陈炯明、邹鲁。

1911年　47岁

丘逢甲保护发起广州黄花岗起义的黄兴、朱执信等人，并积极协助革命党人策动张鸣岐、李准倒向革命，为广州和平独立创造了有利条件。

中华民国建立以后，丘逢甲被选为广东省代表参加孙中山组织的临时政府。

1912年　48岁

元旦，丘逢甲肺病复发。

2月25日，丘逢甲病逝于镇平县淡定村，终年48岁。他临终弥留之际，嘱咐家人："葬须南向，吾不忘台湾也！"